HUGUES LE ROUX

Au Sahara

ILLUSTRÉ

d'après des photographies de l'Auteur

GRAVÉES

PAR

PETIT & Cⁱᵉ

Librairie MARPON & FLAMMARION, rue Racine, 26, près l'Odéon. — PARIS.
E. FLAMMARION, Successeur

AU SAHARA

IL A ÉTÉ TIRÉ, DE CET OUVRAGE

10 Exemplaires numérotés sur papier du Japon,

au prix de **20** fr.

———

HUGUES LE ROUX

AU SAHARA

Illustré d'après des photographies de l'auteur

GRAVÉES PAR PETIT ET Cie

PARIS

LIBRAIRIE MARPON & FLAMMARION

E. FLAMMARION, SUCC^r

26, RUE RACINE, PRÈS L'ODÉON

Tous droits réservés.

A FRANCISQUE SARCEY

Hommage
de reconnaissance et d'affection.

HUGUES LE ROUX.

AVANT-PROPOS

C'était en septembre 1889, sur la terrasse de l'hôtel Européen, à Tanger.

Devant la pureté d'une nuit de lune et la beauté de cette rade marocaine, où les navires mouillaient au large avec leurs feux immobiles, nous songions que ce magnifique spectacle était tout proche de Paris ; — et pourtant combien peu de Français ont la curiosité de passer la mer pour venir jeter par la porte de Tanger un coup d'œil sur l'Orient.

Mon compagnon de causerie était un des Français de cette génération qui sont le plus au courant de la langue et des mœurs religieuses du peuple arabe. Son savoir précis me donnait une grande curiosité de l'interroger.

Il me répondit :

— Venez voir ces gens et ce pays-là de vos yeux. L'exemple décidera peut-être à se mettre en route des gens du monde qui ont du loisir, de l'entraînement physique, le goût des longues chevauchées. Tout à l'heure dans les boutiques marocaines, vous avez dû parler espagnol ou anglais pour vous faire servir. Cela durera tant que nous laisserons aux étrangers le monopole du voyage pour lequel nous sommes si heureusement doués.

...*L'hiver passa sur cette causerie. Le printemps venu, j'allai me reposer au fond des bois de Meudon, dans un hameau en clairière qui domine Ville-d'Avray et d'où l'on voit le soleil se coucher derrière des plans d'arbres, sur la silhouette dentelée, lointaine du Mont-Valérien.*

C'est dans ce paysage modéré, dans ce calme de vie, que vint me relancer vers la mi-juin une lettre tentatrice.

Elle arrivait d'Algérie.

Elle disait :

« Dans les premiers jours de juillet, je pars d'Aïn-Sefra, — cherchez la dernière station du chemin de fer stratégique qui protège notre frontière oranaise du côté du Maroc. — Je remonterai à cheval jusqu'à Géryville, en traversant tous les ksour, c'est-à-dire les villages berbères, égrenés dans des oasis, le long des hauts plateaux. A Géryville j'abandonnerai le cheval pour le méhari, le chameau coureur, et je descendrai vers le

Sahara, de façon à rejoindre Metlili, Ghardaïa, Ouargla. Je rentrerai dans la province de Constantine par Touggourt, l'oued Rirh, Biskra, où l'on retrouve des chemins de fer, des hôtels, de la glace, enfin la vie civilisée. Voyez si le cœur vous en dit. »

Je laissai tomber ce billet et je regardai par la fenêtre.

Dans le grand vitrage de l'atelier s'encadrait un site d'une singulière douceur — le charme humain de l'Ile-de-France. Il y avait tout justement ce jour-là le degré de soleil qu'il faut pour que les plans s'enfoncent et se détachent. Des jeunes femmes en toilettes claires passaient devant ma porte, allant vers les bois. Je suivais de l'œil la tache mouvante de leurs ombrelles et je me disais :

— Non, mon ami, vos cailloux, votre sable, votre canicule saharienne ne me tentent point. L'air qu'on respire ici est trop caressant pour qu'on le quitte. Partez seul.

.. *Et pourtant dix jours plus tard, le paquebot me débarquait à Alger avec les bagages de Tartarin : un casque, un parasol, un lit de camp, une carabine et deux cantines militaires.*

AU SAHARA

I

Paris — Alger — Saïda.

J'ai quitté la France dans le déluge de Saint-Médard. Je trouve un Alger glacial, sans soleil, avec une mer verte et houleuse, un vent si coupant, si sec, le long des quais, sous les arcades, que les terrasses de cafés sont désertes et les squares abandonnés.

J'ai eu tout juste le temps de faire porter mes bagages à l'express de nuit qui marche sur Oran.

Elle est divertissante à observer par une fenêtre de wagon, la vie de cette banlieue algérienne. Cela ressemble, d'une façon comique à nos trains de la campagne parisienne. Toutes les cinq minutes on arrête.

— L'Agha! Hussein-Dey! Maison-Carrée! Bouffarik! Blidah!

Et ce sont des fillettes qui remontent de la mer avec leurs costumes de bain sous le bras, — des jeunes femmes, de retour de la ville, chargées d'emplettes, — des pères de famille qui reviennent du travail quotidien et que l'on attend, en bandes, sur le quai envahi, bruyant, où les Arabes coudoient la population européenne, où de petits voyous bronzés, pieds nus, coiffés de calottes rouges, crient les journaux du soir avec des intonations faubouriennes. Tout autour, un décor d'eucalyptus et de palmiers. Les premières lanternes de la voie qui s'allument font danser des lumières et des ombres sur ce grouillement de foule bariolée, qui rit et qui parle haut. Et le glissement des Arabes, tout blancs, muets au milieu de cette joie de vivre, a quelque chose qui inquiète aux approches du soir...

La nuit est sans lune. Il faut renoncer à explorer les environs. Aussi bien, les stations commencent à s'éloigner, et le train qui rampait en torpeur prend vaillamment sa course. Une ou deux fois pendant la nuit, je me lève de la banquette pour reconnaître le paysage. Je colle mon visage à la vitre noire. Autour de nous, le silence est illimité. La locomotive qui siffle au seuil de ces plaines obscures et vides a l'air d'un poltron qui chante sur une route pour se donner du cœur.

Le changement de ligne est à Perrégaux. J'en pars le matin, un peu après onze heures, pour Saïda.

Bien qu'il n'y ait que cent vingt kilomètres de parcours, je n'arriverai à Saïda qu'à cinq heures et demie du soir : ces chemins de fer algériens n'ont rien dans les veines de la vivacité des habitants. Du moins est-elle d'une grande beauté pittoresque, la contrée que nous traversons ainsi aux belles heures de la journée. L'Atlas, coupé par notre descente perpendiculaire sur le Sud, a vraiment une ossature, une robe de lion. Et dans son bondissement à travers l'Algérie, l'ardeur du soleil fait courir sur sa croupe ces ondulations mouvantes, ces zigzags de lumière qui donnent tant de souplesse à la marche des grands fauves. Puis c'est la vue de l'eau qui cause aux yeux brûlés par cette aridité montagneuse un délassement, une joie indicibles. On la fait glisser à l'ombre dans des canaux étroits comme des écrins de bijoux. Les tailleurs de brillants prennent moins de peine pour recueillir les éclats de diamant que l'Algérien pour empêcher la poussière d'eau de s'évaporer dans l'air. Il donne la main à la source quand elle saute. Il la reçoit, comme au barrage d'Oued-Fergoug, dans des cuvettes de roc, veloutées de verdure. Il suffit qu'elle fuse pour que le pays

perde sa beauté inutile, inhabitable. A Thiersville, une véritable prairie se déploie, qui porte des arbres, des fermes, dépassés par un clocher pointu. Et ce nom repose des aspirations gutturales, comme ces verdures des aridités mortes.

1.

Le rêve naît de quelque village normand. L'illusion serait complète, si, sur un mamelon, plus haut que le clocher, ne veillait, sentinelle de l'islam, un marabout très blanc, près d'un arbre très noir, avec l'Atlas qui monte, au fond, vers le ciel, sombre et vagué dans ses plans lointains comme un horizon de houle. A Charrier, le spectacle est plus caractéristique encore. C'est de toutes les cimes des montagnes voisines, vers le ruisseau, une procession pressée d'arbres. La terre nue est sous leurs pieds; on dirait une foule de pèlerins qui descendent les collines pour venir se délasser dans l'eau pure.

Après la traversée de si grands espaces qui semblent impeuplés, on est surpris de trouver à Saïda si vivante figure de petite ville. L'hôtel est bon aussi et la cuisine ; c'est là, bien entendu, que les officiers prennent pension. Gantés, en bel uniforme, ils viennent parader le long de la voie à l'arrivée du train, guetter les rares arrivées de voyageurs. Puis, la jambe raide, les épaules larges, ils remontent jusqu'à la table d'hôte, salués à droite, à gauche, sur la route, par des troupiers de tous costumes.

Je m'assois à la table d'un ingénieur qui a travaillé au dessin de la voie ferrée. Comme j'arrive de Paris, ce Saïdien pense me faire plaisir en me racontant d'abord une histoire de chasse. Il paraît que je rencontrerai demain sur la voie, une petite station qui s'appelle Mokta-Deli. Le chef de ce poste a été victime, il y a quelque mois, d'un accident très dramatique : un berger avait vu son troupeau, pris de peur, fuir soudain dans toutes les directions. On croyait à la présence d'un mouflon qui descendait boire à la source. C'était un beau coup de feu. Le garde-barrière arma un fusil et partit, accompagné de son petit garçon, un enfant de six ans. En arrivant à l'eau, il se trouve face à face avec une panthère de grande taille. Il n'y avait plus moyen de reculer : il tira. Mais, dans son émotion, il rata son coup. Alors la panthère bondit sur le chasseur. Il eut la présence d'esprit de tirer une seconde fois et atteignit mortellement son ennemi. Tuée raide, la bête vint pourtant rouler jusque sur lui. Dans un dernier spasme, elle lui saisit le bras entre ses crocs formidables. Du coup le pauvre homme fut transporté à l'hôpital où il est resté en traitement pendant six mois. L'amputation du membre a été jugée nécessaire. Pour la panthère, elle fut expédiée à Aïn-Sefra. C'était un mâle de la grande espèce. On trouva dans ses entrailles un porc-épic, gloutonnement avalé, dont les dards avaient perforé l'intestin. Lors même que le fauve n'eut pas rencontré le garde-barrière, il n'avait plus que peu de jours à vivre.

Si les panthères sont presque aussi rares sur la ligne d'Aïn-Sefra qu'un sanglier dans le bois de Boulogne, du moins les gardiens de la voie ferrée vivent-ils dans une certaine crainte des indigènes. Ils habitent deux ménages ensemble. Le train leur apporte dans des stations per-

dues la viande et le pain; l'administration leur fournit des fusils Gras pour la défense. Les petites gares sont fortifiées avec des murs d'enceinte percés de meurtrières. Toutes ces précautions ne sont point inutiles, car les Arabes ont plus d'une fois tenté des coups de main dans ces endroits déserts; ils cherchent surtout à surprendre les maisons quand les maris travaillent à la voie et que les femmes restent seules pour les défendre.

L'an dernier, ils ont attaqué en force des ouvriers espagnols et des Marocains qui posaient des rails. L'équipe de travailleurs leur a échappé en montant dans un wagon-traîneau et en se laissant glisser sur une pente. A la suite de cet incident, on a fait voyager dans le train pendant quelque temps des soldats armés.

A trois jours de Paris, ces histoires de coups de fusil et de frontière ravissent. Je les savoure après dîner, à la terrasse d'un café d'officiers en regardant passer, dans l'ombre, des Arabes qui remontent à la kasbah, leurs visages perdus dans le linceul des burnous, leurs têtes de fanatiques serrées derrière, dans la corde en poils de chameau, qui, de père en fils, façonne les crânes.

II

Un chemin de fer stratégique.

Le train pour Aïn-Sefra part dès l'aurore avec la perspective d'une longue route qui se déroule dans une désespérante lenteur.

On ne songe point à s'en plaindre jusqu'au sommet de la montagne. La locomotive l'escalade en spirale sur une pente très abrupte. De ce sommet d'Aïne-el-Hadjar on jouit d'une vue en panorama, étendue, magnifique. Après quelques stations plantées d'arbres, la plaine commence. A droite, à gauche, c'est l'alfa, un verdissement sans sève, sans couleur, sans frisson de vie. Puis ces végétations mêmes disparaissent; le chott Ech-Chergui commence à la porte du Kreider.

Le sel s'étale à la surface du sol en couche si dense que, sous l'éblouissant soleil, à distance de plusieurs lieues, la terre semble couverte d'une jonchée de neige. Le train raie obliquement cette pureté sans tache; les nuages, le ciel s'y reflètent. Et le chott est un miroir capricieux, une lande d'apparitions et de mirages, où chacun revoit les fantômes qu'il aime. Voici, pour moi, une mer immense avec des navires, toute une flottille de pêche, et, derrière, les murailles d'une ville. Le mirage a-t-il été les prendre quelque part, en Méditerranée? Ce port vers lequel ils tendent n'est-il qu'une architecture de lumière ? Le cœur se serre devant cette duperie si parfaite, et elle remonte la tentation souvent refoulée : si tout n'était que songe...

Dans l'unique compartiment de première que j'occupe, j'ai, toute seule, pour compagne de voyage, la femme d'un chef de gare de la ligne. Selon la permission mensuellement accordée, elle est descendue jusqu'à Saïda, aux provisions. Elle rapporte avec soi de volumineux paquets. La coquetterie n'a pas été oubliée dans ses achats. Elle s'est coiffée pour le voyage d'un grand chapeau de paille de riz qui avance par devant sur le visage, comme les capotes de Topffer et que chevauche une plume blanche, révoltée, d'un effet fort inattendu. A chaque arrêt, les femmes des gardiens de station viennent saluer la voyageuse. Le chapeau à plumes blanches est d'abord le sujet de la conversation.

Ma voisine dit avec un petit air de détachement hypocrite :

— C'est la dernière mode à Saïda...

Et les bouches des commères bâillent d'admiration, car la mode de Saïda, voyez-vous, passionne toutes les curiosités féminines, de la montée Aïne-el-Hadjar à la dune d'Aïn-Sefra elle-même.

A partir du chott, jusqu'au bout de la ligne, c'est-à-dire pendant cent quatre-vingt-trois kilomètres, on rampe dans les pierres et dans le sable. De chaque côté, c'est la platitude géométrique. Des rocs, de loin en loin, surgissent comme des écueils de la mer; du moins, ils offrent un rampart contre le siroco, et, en maint endroit, on a profité de leur présence pour installer un poste militaire.

Les bâtiments en briques, sans étages, sont si fort de la couleur du sol qu'on a peine à les distinguer dans cet éblouissement de lumière. Comme les gares, comme toutes les constructions rencontrées sur cette route, ce ne sont pas seulement des abris, mais des forteresses. Aucun village ne s'y appuie; les maisons refusent de pousser sur un sol d'où ne jaillit aucune verdure. Et pourtant dans leur affolement du soleil, les pauvres exilés qui vivent là ont tout fait pour trouver de l'ombre.

Partout, on voit des essais de plantations abandonnées. Si l'on s'obstine, le résultat est à la fois comique et lamentable : debout dans des cuvettes immenses qui servent à l'arrosement du pied, des bâtons se dressent nus comme des mâts. Leur vue est encore plus pénible que celle des murailles de caserne.

Il suffit de jeter un coup d'œil dans les wagons que notre locomotive remorque pour s'édifier sur la misère de cette vie de frontière. En fait de bagages, il n'y a que des tonnelets d'eau, que l'on distribue presque à chaque station aux gardes-barrières, avec des vivres et du ravitaillement pour les troupes. Et le mouvement des voyageurs est aussi insignifiant que celui des marchandises.

Contre l'une des portières, j'ai reconnu

un petit Breton, un artilleur, à ses yeux couleur de l'Océan. Il a l'air si écroulé, si près de sa fin, que je n'ai pu m'empêcher de l'aborder. Il quitte Aïn-Sefra, réformé définitivement; il retourne à Saint-Malo. Du moins, il dormira dans la terre natale. En dépit de la chaleur qui, aux stations où les Espagnols vendent de l'absinthe et de l'eau, nous fait courir aux tonnelets, lui, le fiévreux, il claque des dents dans son pantalon de laine. Et pour se réchauffer, en deux haleines, il vide les grands verres de rhum que je lui ai fait servir...

III

D'Aïn-Sefra à Thyout.

... Aïn-Sefra est déjà dans le mystère du soir quand je débarque enfin sur le quai, où me guette mon compagnon de voyage. Depuis des heures, je savoure d'avance cette joie d'être attendu. Il me semble qu'elle passe dans ma poignée de main. Les chevaux sont sellés pour monter jusqu'au bureau arabe où l'on veut bien me donner l'hospitalité.

C'est encore ici le caractère désolé de tous ces postes que j'ai aperçus le long de la voie ferrée. A gauche, le campement régulier des tentes; à droite, le village arabe, les bâtiments du bureau. Le jardin très soigné qui l'entoure est une admirable et patiente conquête des officiers sur la dune. C'était autrefois comme un mascaret formidable, toujours menaçant, toujours prêt à déferler et à engloutir. On l'a fixé. Et là où jadis il n'y avait que du remous de sable sous le vent, des parterres fleurissent entourés de verdures. La table a été dressée en plein air dans cette fraîcheur.

Il faut se reposer pour monter demain à cheval, et aller coucher au Ksar de Thyout. On me conduit donc au logis qui m'a été réservé. C'est au rez-de-chaussée, une petite pièce, profonde comme une tombe, blanchie à la chaux. Les murs sont décorés avec des cornes de mou-

flons, des bois d'antilopes; des alcarazas sont posés sur les deux fenêtres en courant d'air; une bride de cheval en cuir rouge est accrochée au-dessus du lit avec un long fusil kabyle; du plafond pend une lampe en cuivre ajourée. Dans le silence, j'entends le trottinement des gazelles, mes voisines, sur le sable de leur parc. Et je passe une nuit délicieuse de repos, les lèvres rafraîchies par un citron trempé dans du thé, les yeux levés au plafond vers la rosace de la veilleuse.

Nous faisons partir les chameaux de bât avec une avance de quelques heures. Ils sont quatre, chargés de bagages; les chameliers marchent à pied derrière eux. Quelques goumiers à cheval les protègeront au besoin de leur coup de fusil. Notre propre départ est fixé à quatre heures du soir. Nous avons chacun à notre service un cavalier indigène; on m'a donné un spahi, Taïeb, qui barbouille le français.

D'abord, il faut escalader la dune: les

bêtes y avancent lentement; elles enfoncent jusqu'aux genoux. Quand cet obstacle est franchi, nous apercevons notre route devant nous, droite, à perte de vue.

La vallée est large de plus d'un kilomètre, fermée par des murailles de roc presque à pic. Ce sont les contreforts du djebel Aïssa et du djebel Djara; le sol est d'un rouge de brique pilée; il porte, à droite et à gauche de la piste, de rares touffes de verdure. Tout de suite, nous nous espaçons selon la vitesse de nos montures. Mon compagnon a pris la tête. A mesure que le jour baisse, son casque, sa veste de toile, la croupe de son cheval deviennent plus blancs sur le fond rouge du paysage. Cela fait une tache qui vibre indéfiniment, dans la largeur de la vallée.

Sur les neuf heures du soir, une blancheur de marabout apparaît au ras de la plaine avec un bouquet de palmiers; de près, dans un pli de terrain, on découvre tout un village avec ses jardins, c'est Thyout. Dans la demi-nuit, nous descendons par des ruelles si étroites qu'elles ne donneraient pas place pour une rencontre de cavaliers. Aussi bien, ce sont moins des ruelles que des fentes de labyrinthe, une succession de carrefours, de passages couverts, avec des courbes, des zigzags, des bifurcations à angle droit, chaque maison s'étant bâtie sans scrupule d'alignement, à son plaisir. Là où les fentes s'élargissent, nous distinguons des gens en burnous, debout, accroupis, qui s'interpellent ou qui psalmodient. On ne voit plus leurs visages couleur de la route, couleur des maisons. On distingue seulement des mouvements blancs, dans la pénombre.

Les gens que nous avons rencontrés à la porte du ksar reconnaissent en nous des personnages considérables. Ils nous conduisent à la « maison des hôtes ». Par un escalier en ruine, nous montons jusque sur une terrasse à demi couverte; des tapis sont étendus sur le sol, mais la chaleur emmagasinée tout le jour sous ce toit est étouffante et les couches semblent singulièrement suspectes. Nous aimons mieux camper à l'air libre et nos guides nous conduisent dans un jardin où nous jouirons d'une fraîcheur exquise.

Un ruisseau le traverse; des figuiers tordus rampent sur ses bords comme pour suivre plus longtemps le cours de l'eau. Il reste quelques fleurs aux grenadiers qui forment autour de nous une salle de verdure. Cinq ou six palmiers percent toutes ces basses frondaisons, font dôme au-dessus de leurs têtes. Entre les palmes immobiles, on commence d'apercevoir les étoiles. Après tout ce que nous venons de voir de tordu, d'écroulé, de ruiné, l'élancement pur de ces arbres repose le regard. Ils ont l'air d'une colonnade d'un style très noble et très discret.

Cependant le bruit de notre arrivée s'est répandu dans l'oasis. Et de dessous tous les arbres surgissent des gens en guenilles. Nous avons fait prévenir le caïd. Il s'avance. C'est un bel homme d'une trentaine d'années, avec un nez droit et de grands yeux qu'il détourne volontiers en parlant aux « roumis ». Nous lui demandons des œufs, du lait. Contre le mur du jardin, Taïeb allume un grand feu de bois. Alors toute la scène s'éclaire. Il y a encore plus de curieux que je ne le pensais : dans chaque buisson, au pied de chaque arbre. Immobiles dans les plis de leurs burnous, éclairés d'en bas comme avec une rampe intermittente qui accroche de la lumière aux plis de leurs vêtements, aux poignées des couteaux passés dans leurs ceintures, et qui fait danser leurs ombres sur la muraille, ils nous regardent, en cercle, avec leurs yeux fauves. Cela est infiniment pittoresque. Et pourtant le sentiment que j'éprouve à cette minute n'est pas une pure joie d'art. C'est un serrement de cœur, presque une angoisse, à me sentir tout d'un coup transporté si loin de ce que je connais, à la merci de ces hommes dont le langage m'est incompréhensible et dont je ne puis deviner la pensée derrière l'éclat des yeux.

Un cortège de gens nous apportent en pompe le café de la Diffa, suivi de deux porte-saladiers ; dans l'une de ces terrines flotte une sorte de ragoût de viande chaude, dans l'autre un vague macaroni au poivre rouge. Avec la meilleure volonté du monde, il me serait en ce moment impossible de toucher à cette cuisine. Toutefois, j'ai peur de blesser nos hôtes et je leur fais expliquer que je jeûne.

On me répond avec un haussement d'épaules :

— Mon cher, vous n'y êtes point et les mœurs de ce pays vous échappent. En refusant l'offrande du mouton rôti et en déclarant que nous voulons payer notre lait et nos œufs, nous avons donné à entendre à ces gens-là que nous n'étions pas des voyageurs de *grandes tentes*. Les Arabes n'ont de considération que pour les gens qui les rançonnent. Donc, man-

gez ou ne mangez pas ; à votre gré : vous n'en serez ni mieux vu ni plus mal.

La confirmation de ces paroles dictées par l'expérience ne se fait pas attendre. On nous réclame pour les œufs et pour le lait apportés autant d'argent que dans un restaurant des boulevards. Les rapports de l'Arabe avec le voyageur sont beaucoup moins idylliques dans la réalité que dans la poésie. Ils peuvent se résumer dans cet axiome : « Si tu ne me voles pas, je te vole. »

Je tends avidement les mains vers la jatte de laitage que l'on finit par nous apporter sur le coup de onze heures. Horreur ! c'est du lait de chamelle, abominablement aigre ; la chaleur du jour a passé sur la traite, il est bon à répandre dans le ruisseau. Je me résigne donc à m'endormir sans souper. D'ailleurs, la goinfrerie avec laquelle nos hôtes plongent tous à la fois dans le saladier leurs doigts et leur cuiller de bois achève d'éteindre mon appétit.

Et tandis que le feu se meurt, éclairant d'une lueur de forge nos guides accroupis autour d'un plat de dattes, je regarde les petites étoiles qui palpitent au-dessus de ma tête, piquées comme des brillants dans la chevelure des palmiers.

IV

La vie dans les Ksour.

Ces habitants sédentaires de la région des Ksour, aujourd'hui très métissés, ne sortent point de souche arabe. Ce sont des autochtones que la conquête musulmane trouva installés sur ce sol. L'œil bleu et perçant des Berbères éclaire ici plus d'un brun visage. Les ksouriens descendent des anciens Africains qui tinrent Rome en échec, de ces Numides, que, dans le recul de l'histoire, on aperçoit, chargeant au galop, sur des chevaux nus.

Depuis la conquête française, protégés qu'ils sont contre le pillage des nomades, ils perdent tous les jours davantage leur caractère militaire. Mais, il y a un siècle, ces Berbères vivaient encore en état de guerres perpétuelles. La construction des villages l'atteste. Chaque ksar est bâti, à la façon de nos anciens châteaux féodaux, sur une hauteur qui domine les jardins et la vallée. Des remparts l'entourent. On y accède par des portes militaires, jadis solidement fortifiées.

Derrière ces murs, les ksouriens étaient en état de supporter des sièges périodiques. En effet, après chaque récolte de dattes et d'orge, ils s'attendaient à recevoir l'assaut des nomades. Ces guerres de pillages et de razzias n'ont pas eu d'historiens; mais elles ont laissé dans la mémoire des ksouriens de profonds souvenirs: faits d'armes éclatants, noms de héros qui couvrirent leur cité de leurs poitrines, légendes et chansons de bataille.

Aujourd'hui, toutes ces fortifications tombent en ruines. Comme la pierre manque et aussi le bois, les ksour sont bâtis avec des pains de boue. La blancheur de la chaux ne vient pas, comme au Maroc, habiller, faire reluire les pans de murs et les terrasses. Les ksouriens mêlent, pour bâtir leurs maisons, un peu de poussière avec un peu d'eau. Et le village est si fort de la couleur du sol qu'on l'en distingue à peine : c'est une fourmilière qui couronne le monticule, qui le perce de trous, qui façonne régulièrement ses déchirures.

D'ordinaire nous arrivons sur la hauteur, d'où l'on aperçoit le village et ses jardins à la petite pointe du matin. Nous marchons depuis six ou sept heures; le camp a été levé en pleine nuit, de façon à finir l'étape avant que le soleil soit bien haut sur l'horizon. Taïeb met son cheval au galop. Il va devant pour avertir le caïd de notre arrivée.

A l'instant ce personnage revêt son burnous le plus propre et il s'avance à notre rencontre suivi de quelques anciens de la tribu. Arrivé en notre présence, il nous touche la main droite qu'il porte ensuite à ses lèvres et à son cœur ; c'est la formule usuelle du salut. Il accompagne généralement cette politesse de quelques paroles emphatiques à la louange de ses hôtes ; il y joint volontiers des protestations de fidélité et manifeste le désir de recevoir les voyageurs dans sa propre maison. Il se montre très vexé d'apprendre que nous préférons passer la journée dans un jardin, en plein air, et que nous refusons absolument la diffa pour nous et pour notre suite.

Je me hâte d'ajouter que la cause de cette déception est tout à fait égoïste : le caïd regrette de ne pas nous recevoir dans sa maison à cause du prestige que nous y apporterions ; il craint que notre

abstention ne soit défavorablement interprétée et que ses administrés n'induisent de là qu'il est en mauvais termes avec l'autorité. D'autre part, la diffa est pour lui, dans la plupart des cas, une source de bénéfices, car s'il tue un de ses moutons, il s'en fait allouer deux ou trois par la commune, et ainsi pour toutes ses autres dépenses. Du moins, nous offre-t-il le café et des tapis de sieste qu'on étend à l'endroit que nous avons choisi, sous les arbres.

Alors, tout à l'entour de nous, les notables habitants du village viennent s'accroupir. Ils sont amenés par une vague curiosité, surtout par l'amour-propre. Chaque nouvel arrivant touche notre main et répète la cérémonie du salut avant d'aller s'asseoir. Quand nous avons fini de boire, le caïd verse un peu de café dans nos tasses et l'offre aux personnes de l'assistance auxquelles il veut faire une politesse. On cause quelques instants, on s'informe de la récolte des dattes, des espérances que donnent les jardins. Puis, comme nous sommes pressés de dormir, nous congédions toute l'assistance sans cérémonie.

Ils se lèvent gravement, renouvellent le salut. On les verra d'ailleurs quatre ou cinq fois dans la journée. Ils guetteront la fin de la sieste pour renouer la conversation, prononcer des paroles essentielles et inutiles.

Notre visite n'est pas l'occasion exceptionnelle de cette oisiveté : un bon ksourien ne travaille jamais davantage. Il se lève très tôt le matin pour jouir de l'aurore et il descend du ksar jusque dans son jardin afin d'inspecter les arbres, afin de voir si les voleurs n'ont rien dérobé pendant la nuit.

Ces jardins sont enclos de murs en terre. On y pénètre par des portes si basses que l'on n'y peut entrer qu'à plat ventre, en rampant; les verdures y semblent d'une fraîcheur délicieuse. Ils sont plantés dans cette région de palmiers, de figuiers, de grenadiers et de lauriers-roses. La vigne court d'un arbre à l'autre, franchit les allées de sable fin. Dans le potager, les choux et les salades font une ceinture aux couches de pastèques. Tous ces plants sont reliés entre eux par un système très savant de petits canaux qui tournent autour des arbres et viennent se déverser, à l'entrée comme à la sortie du jardin, dans une artère principale qui crève la muraille. Selon la richesse du propriétaire, l'eau lui est donnée deux fois par jour, ou seulement une fois, ou même un jour sur deux. Et cette répartition est réglée avec une impartialité, une ingéniosité de moyens tout à fait surprenantes.

Au point de vue de la distribution de l'eau, la journée est divisée en quatre quarts; chacun de ces quarts se décompose lui-même en quatre unités de temps dites *kharrouba*. On s'abonne pour une heure, une demi-heure d'eau à la journée. Le temps de coulage, d'ailleurs, n'est pas le seul mode de contrôle employé. L'eau pénètre dans le jardin en passant par une pierre percée d'un trou, dont le diamètre varie avec la somme d'argent payée par l'abonné.

Le ksourien a bien soin de se trouver dans son jardin à l'heure de son tour d'eau. Aidé de ses esclaves, il règle l'arrosage des palmiers et du plant de légumes. C'est, en miniature, l'antique système des canaux égyptiens qui réglementait l'inondation du Nil. En quelques minutes, le petit jardin est plongé sous l'eau, et quand l'employé de la commune vient aveugler la source, il reste sur la terre un limon fécondant et gras que dessèche lentement le soleil.

Cette surveillance terminée, le ksourien n'a plus rien à faire. Il laisse à son esclave nègre le soin de relever les petits pans de digue que la violence du courant d'eau a culbutés. Lui-même il va s'asseoir dans quelque rue du ksar, à l'ombre que jette dans le chemin, par-dessus la voie, l'enjambement d'un étage de maison. Sous cet abri que forment les poutres de palmier, supportant un plancher de lattes, des bancs sont installés de chaque côté de la ruelle. Dans chacun de ces endroits-là, des parlottes s'organisent. On est assis confortablement en tailleurs. On s'évente des mouches avec une aile de charognard. La conversation est alimentée par le hasard des passages : c'est un âne, pliant sous les fagots, dont on critique le chargement. Un jeune homme traverse avec une brebis sur les épaules, qu'il va vendre. On l'arrête, on lui fait décharger sa bête, on la palpe soigneusement, on apprécie la laine et la viande, on demande le prix, que l'on déclare exagéré, et on n'achète pas.

Pendant ce temps, les femmes filent à la maison des vêtements pour le prochain hiver, et elles préparent le couscous où le mari trempera sa cuiller avant que de s'étendre, vers midi, sur le tapis de sieste

Ses rêves sont heureux et sa digestion légère. Il songe à d'abondantes naissances de chèvres, dans le petit troupeau qu'un Soudanien garde pour lui aux portes de l'oasis et à ses régimes de dattes qui mûrissent sans qu'il y prenne garde. Il se réveille, tout reposé, vers le milieu du jour, et sort de nouveau, pour chercher des compagnons de causerie, jusqu'à l'heure de la prière. Alors, selon les rites, il va se prosterner à la mosquée ; il est aussi bon musulman que ses conquérants ; à l'occasion, — comme les nègres nouvellement convertis, — plus fanatique que l'Arabe lui-même.

Ainsi nous avons rencontré à Thyout, dans la foule des burnous blancs, un de ces hommes à turban vert que l'on appelle un *derkaoui*. C'est un membre d'une confrérie religieuse, qui a été fondée au Maroc à la fin du dix-huitième siècle. Ces gens-là se sont battus victorieusement contre les Turcs et ils ont souvent essayé de surprendre nos postes de frontière. Le

chef actuel de la congrégation est un certain Sidi Mohammed-ben-el-Arbi dont la zaouiya siège à Medrara, près du Tafilelt. Toutes les tribus marocaines du voisinage lui sont inféodées. En 1887, il a prêché la croisade contre nous. En cas de guerre européenne, il pourrait nous attaquer avec vingt à trente mille fusils. Ses affiliés ont quelque ressemblance avec nos moines mendiants. On les reconnaît à la couleur de leur coiffure, à leurs haillons, à la grosseur de leur chapelet, au bâton de pèlerin dont ils appuient leur marche. Ils étaient autrefois nombreux dans cette région, où Sidi Mohammed avait un *moqaddem* (représentant). Leur influence, pour être aujourd'hui plus occulte, n'en est pas moins active.

C'est encore en plein air et en bavardages sur la place publique que la journée s'achève jusqu'à la chute complète de la nuit. Aux Arbaouat, nous avons assisté à une de ces réunions du soir. Nous étions venus nous asseoir sur la place publique, où toute la population masculine avait rendez-vous. On regardait les petits garçons jouer à la *coura*. C'est un divertissement très analogue à la crosse anglaise. Les joueurs sont armés de bâtons, coupés au coude d'une branche, en crochet de houlette. Ils font tournoyer dans leur main cette espèce de massue. Avec le côté arrondi de la crosse, ils s'efforcent de frapper une balle en laine. Avec le crochet, ils combattent leurs adversaires et détournent les coups. Les joueurs sont divisés en deux camps; la mêlée est formidable autour de la balle, l'amour-propre des gamins soutenu, excité par les réflexions de la galerie.

Quand on est lassé de jouer à la crosse, nous imaginons de proposer un combat autour d'un sou. L'excellent peintre Dinet vous a fait voir cette scène comique, à l'un des derniers Salons. C'est dans un nuage de poussière, un tas de guenilles rousses et de calottes rouges d'où sortent des hurlements qui n'ont rien d'humain.

Après cette première mêlée qui soulève dans le public d'inextinguibles rires, nous faisons apporter par Taïeb une caisse d'*alaouat*, c'est-à-dire de ces petits biscuits anglais qui voyagent dans des boîtes de fer-blanc. Alors c'est une folie générale. Comme par enchantement, toutes les portes des maisons bâties sur la place s'entre-bâillent, et, sur les seuils, apparaît l'essaim charmant des petites filles. Les bras, les jambes, le cou et le visage nus, enveloppées dans un morceau d'étoffe à ramages, andrinoples rouges et jaunes, perses à grandes fleurs, étoffes Louis XV, des bracelets d'argent aux chevilles et aux poignets, elles ont un air mystérieux de petites idoles. Ce sont encore des enfants par l'agilité, l'éclat de rire, la taille, et, par la maturité hâtive des formes, ce sont déjà des femmes. Leur grâce inachevée, le modelé léger de leurs jambes et de leurs bras rappelle la délicatesse des petites danseuses de Tanagre ; et, dès qu'on les approche, leur disparition éperdue dans leurs robes bigarrées, entre les fentes des maisons, fait songer à des fuites de lézards.

Nous les appelons de la main, nous les encourageons de la voix. Les voilà tout près, mais pas encore assez confiantes pour venir prendre les alaouat dans notre main. C'est le petit garçon du caïd, un marmot de trois ans, tout nu dans une chemise rouge et verte, qui leur porte nos présents. Il a ses préférées dans le petit troupeau. Il bouscule les autres avec une insolence de jeune roi. Il ne distribue que la moitié des gâteaux ; il enfonce le reste, par poignées, dans sa propre bouche. Ces manèges d'enfant gâté excitent au plus haut degré la gaieté des spectateurs. Et rassurées par l'ombre qui grandit, sur la porte des demeures, les femmes s'avancent à leur tour, dévoilées comme des nomades. Nous leur envoyons leur part d'alaouat par l'entremise du petit messager. Elles sourient de plaisir avec un éclat de dents blanches et d'yeux noirs beaucoup plus éblouissants que leurs bijoux.

Et, ainsi, tout le vieux ksar formidable, bâti en nid d'aigle, avec ses rues fortifiées, ses murailles percées de meurtrières, est conquis en une heure avec une caisse de petits biscuits, par la complicité des marmots et des jeunes femmes.

V

La route des plateaux.

De Thyout à Asla l'étape est un peu longue. Nous avons décidé de la couper en deux par la nuit et de camper sur la route.

Quand on est monté au-dessus du barrage de Thyout, où les chevaux et les chameaux s'arrêtent pour boire une dernière fois, on débouche sur le seuil d'une plaine légèrement ondulée et sablonneuse. L'alfa y pousse partout et dessine des sentiers qui semblent un instant comme tracés au cordeau; puis, brusquement, il se perdent. Ailleurs, ce sont de véritables cirques, des pistes géométriquement rondes, finement sablées, qu'entoure une banquette de verdure. Cela forme une foule d'obstacles, haies et fossés que les chevaux arabes franchissent légèrement d'un pas toujours sûr, souples dans le saut comme des lièvres. Sur la droite, la montagne se fend en brèche dans la direction d'Ouarkha et de Bou-Semroun. Ce défilé conduit à une source chaude qui jaillit d'une colline de sel. Le manganèse et l'antimoine la font toute violette et bleue sous le reflet du soleil.

Du doigt, Taïeb me désigne cette porte de montagne et il prononce gravement :

— Vois-tu, là-bas, cette brèche? C'est par là qu'on entre dans le pays des djinns.

Les flancs de cette montagne de sel sont tout couturés de fissures par où jaillissent les vapeurs de la nappe chaude. Souvent on entend dans l'intérieur de la montagne comme de sourdes détonations : ce sont des roches qui s'éboulent, de subites cristallisations qui se forment. Mais je me garde bien de communiquer à Taïeb ces explications par trop scientifiques. Je goûte, au contraire, un plaisir très vif à entendre les légendes qu'il me raconte avec des coups d'œil inquiets dans la direction de la terre maudite.

Donc il y avait une fois une ksourienne qui allait laver des vêtements à la source chaude. Un jour qu'elle tordait son linge, une femme sortit de la montagne, alla vers elle et lui dit : « Veux-tu être mon amie? Quand tu viendras à cette source, apporte-moi du henné avec des parfums et jette-les dans la fontaine. Moi je sortirai et je te donnerai de l'argent. » La laveuse retourna tous les jours à la montagne et subitement elle s'enrichit. Les gens de sa connaissance étaient fort intrigués. Ils crurent qu'elle donnait quelque part des rendez-vous à un homme riche et ils l'espionnèrent. Ils la suivirent jusqu'à la source. Ils virent le génie qui sortait de la montagne. Mais ce fut la dernière fois que l'apparition se montra : choquée d'avoir été trahie, elle ne reparut plus près de la source.

Toutes les histoires de Taïeb mettent en lumière cette susceptibilité ombrageuse des djinns. Ils veulent qu'on leur soit soumis aveuglément et ils se vengent de la moindre désobéissance. C'est ainsi que fut puni un garçon d'Ouarkha dont les génies avaient enlevé la sœur.

Il était venu la chercher autour de la fontaine chaude. Elle sortit de la montagne pour le saluer et lui dit : « Attends-moi, je te donnerai quelque chose pour notre mère. » Elle lui apporta un sac de cendres et ajouta : « Ne t'arrête pas en route avant que tu sois arrivé à la maison. » Sur le chemin, le frère s'arrêta et songea : « Je vais voir ce qu'elle m'a donné. » Il regarda et, n'ayant trouvé que de la cendre, il vida presque tout le sac au bord de la route. Lorsqu'il fut arrivé chez sa mère, il lui dit : « Regarde ce que ta fille t'envoie. » — « Secoue le sac, » dit-elle. Des pièces d'or tombèrent. Alors le jeune homme retourna en courant à l'endroit où il avait jeté la cendre, mais il ne trouva rien. Désolé, il revint chez sa sœur à la montagne de sel. Elle sortit à sa rencontre et lui dit : « Va, tu n'auras plus rien de moi ; ce que je t'avais donné tu l'as secoué. »

Je veux savoir quelle croyance, Taïeb prête au juste à toutes ces légendes et je lui demandai :

— Toi, Taïeb, tu escaladerais bien la montagne de sel avec ton cheval ?

Le spahi secoue la tête :

— Au milieu de la colline il y a un puits où vivent beaucoup de djinns. Ils tuent ceux qui montent pour boire. Cela est déjà arrivé à un homme de Bou-Semroun. Il avait dit à ses amis : « Moi, j'irai au puits. Attendez seulement en bas jusqu'à ce que je descende. » Il est monté, et les djinns l'ont saisi. Pendant qu'ils l'étranglaient, ses amis l'entendaient crier du bas de la colline : « Il y en a ! Il y en a ! »

Taïeb n'est pas seulement un traditionnaliste distingué. Il a la spécialité des récits de chasse. Le plus merveilleux dont j'ai gardé le souvenir, est la poursuite d'un animal mystérieux que mon guide appelait le *lamet*. Le seul détail précis que j'ai pu obtenir sur ce gibier fantastique, c'est qu'il n'a qu'un pied. Avec ce pied unique, le *lamet* court plus vite que tous les chevaux. On les crève inutilement à sa poursuite.

Je suis — je ne sais pourquoi — beaucoup plus rebelle aux histoires de chasse qu'aux récits surnaturels, et je ne peux m'empêcher de présenter à Taïeb cette objection candide :

— Comment sait-on que le *lamet* existe puisque personne ne l'a jamais vu ?

Le spahi a répondu avec sang-froid :

— Si, il y a bien longtemps, un chasseur a tué un *lamet*. Il l'avait surpris endormi sur son seul pied et appuyé contre un arbre. Alors le chasseur a scié l'arbre et le *lamet* est tombé par terre.

Ces conversations abrègent une étape monotone et fatigante commencée au cœur de la chaleur et qui s'achève à la nuit.

Autour de nous, c'est la nuit pleine, et la vallée est si large que l'on aperçoit vaguement les contreforts montagneux qui l'encaissent. Les chameaux ont été déchargés, les bagages empilés au centre du campement. Nous n'avons point de tente, les lits sont dressés sous le ciel. Aux quatre coins du carré que nous occupons, les goumiers allument des touffes d'alfa qui brûlent en crépitant avec de hautes flammes. Sur ce foyer nous installons notre bouilloire à thé. Au moment de verser de l'eau, on s'aperçoit que les chameliers ont bu tout le long de la route. Il ne nous reste plus qu'une peau de bouc jaune à moitié pleine. Chacun reçoit donc une ration égale. Puis, comme les feux on trahi notre présence et comme cette plaine, où débouchent des coulisses de montagnes, n'est pas trop bien famée, on place des sentinelles aux quatre coins du camp. Et nous ne dormons que d'un œil, troublés dans notre sommeil par leur ronde circulaire, par l'inquiétude des chevaux qui, tourmentés de soif, cherchent à se débarrasser de leurs entraves.

VI

Le mouton rôti.

J'ai gardé des jardins d'Asla, où nous arrivons le 12 juillet à l'aurore, une impression charmante. Et pourtant j'ai passé là deux mauvais jours dans les angoisses de la fièvre.

Comme mon désir est d'encourager ceux qui me liront à se mettre en route et non de leur ôter l'envie de tenter ces promenades lointaines, je me hâte d'indiquer le remède qui m'a guéri comme par miracle. Il faut avaler de l'ipéca à hautes doses avec des litres d'eau bouillante par-dessus. Quelques bonnes prises de quinine après le sommeil qui suit le remède remettent un homme sur les jambes. C'est le vrai baptême de la Ligne.

Donc le deuxième jour de halte, je me lève tout ragaillardi de mon lit qu'on a dressé sous un berceau de grenadiers. Nous allons tirer quelques palombes dans les palmiers de l'oasis. Pendant ce temps, des conserves d'asperges et d'ananas rafraîchissent dans le ruisseau. Et nous soupons, ce soir-là, comme des sultans, de quatre pigeons enfilés sur une baïonnette, flambés au feu clair, avec du jus d'ananas dans nos tasses et une pleine bassine de lait de brebis pour le dessert.

Le lendemain, à la pointe du jour, je vais réveiller Taïeb. Je lui fais seller ma jument. Puis nous partons au grand trot sans réveiller le goum dans la direction de Chellala.

On n'imagine pas les changements qu'une semaine de voyage produit dans la petite philosophie d'un raisonneur. Il y a quelques jours, j'étais prodigieusement choqué de la raideur militaire avec laquelle mon camarade traitait les ksouriens. Je n'avais pu m'empêcher de lui communiquer mes impressions. Nous avions controversé là-dessus et il m'avait répondu :

— Mon ami, je ne vous donne pas quinze jours de voyage pour que vous vous dépouilliez de vos idées de Paris et que vous les abandonniez sur la route. Si vous vous placez avec les Arabes sur un terrain d'égalité, si vous persévérez dans vos nuances de politesse, ces gens-là vous monteront sur le pied.

J'ai eu l'occasion d'expérimenter ce matin combien ces paroles étaient véritables. Nous arrivons à Chellala sur le coup de neuf heures. Le caïd est descendu au bas du ksar pour visiter ses palmiers. D'autre part, les gens auxquels je m'adresse pour obtenir du lait et des fruits refusent de me servir avant son retour.

Je me fâche tout rouge : six heures d'étrier ouvrent l'appétit, disposent à la sieste. Et je ne me sens nulle envie d'attendre, une heure ou deux, le bon vouloir du caïd. Je descends donc de cheval et je me mets tout seul en quête d'un jardin qui me convienne.

Justement en voici un qui semble bien abrité et d'où l'on a sur la vallée une vue charmante. Malheureusement il n'y a pas de porte. L'entrée est soigneusement murée, avec des pains de boue. Je démolis cette maçonnerie à coups de talon. J'ordonne à Taïeb d'élargir le trou. Quand il est assez large, je me glisse victorieusement dans la place.

Un quart d'heure plus tard, mes ksouriens reviennent avec des révérences, des baise-mains et des saluts, — transformés. Ils m'apportent un tapis, des abricots et du lait de chèvre. Ils s'assoient en rond pour me faire honneur.

Je me débotte devant eux, et, mollement étendu sur le dos, je bois mon lait à la régalade. Il est trait depuis une heure; il me descend jusque dans les talons.

Décidément, je deviens tout à fait « grandes tentes. »

...En voyage, c'est une sagesse de saisir l'occasion du déjeuner, de ne pas trop chicaner sur l'ordre des plats, voire d'avaler par provision un ou deux litres de lait par-dessus le rôti, si le hasard vous fait passer sous le vent d'un troupeau de bêtes laitières.

Je fais ces réflexions ce soir, 14 juillet, sur le coup de neuf heures, et je me félicite d'avoir englouti la veille une prodigieuse quantité de lait aigre et d'abricots. Voilà, en effet, sept ou huit heures que nous sommes en selle, et il est infiniment probable qu'il faudra coucher sans souper.

Les goumiers, obligés de marcher au pas, sont partis ce matin de Chellala, en pleine chaleur. Tant qu'a duré le jour, nous avons marché dans les pas des chameaux; mais la nuit a beau être superbe, elle n'est point encore assez brillante pour éclairer une piste et nous sommes tout à fait perdus.

De temps en temps, le peloton se reforme, et, tous les quatre à la fois, nous lançons un grand cri clair. La vallée est large comme un bras de mer, des massifs rocheux la coupent de murailles à pic : il faut contourner ces obstacles. Et comment deviner si le goum s'est engagé à droite ou à gauche? Or non seulement les chameaux portent nos effets, nos lits de camp et nos munitions, mais toutes les conserves et la provision d'eau. De plus ils sont partis ce matin avec un mouton bêlant derrière eux; nous l'avons acheté aux ksouriens de l'oasis. Il était convenu qu'on le rôtirait ce soir, tout d'une pièce, en plein vent, pour régaler nos gens à l'occasion de la fête nationale.

Ce n'est pourtant pas le regret de ce

rôti pantagruélique qui me tourmente sur ma selle; en ce moment, je donnerais tout le filet du mouton pour une gorgée d'eau.

Onze heures du soir. — La nuit est

toujours fourmillante d'étoiles, et, devant nous, les ténèbres aussi profondes. Tous les cent mètres, les guides descendent de cheval pour flairer la piste. Ils affirment qu'ils nous ont engagés dans la bonne voie; le goum doit être campé à un kilomètre de nous. Alors, pour le rallier, nous déchargeons nos fusils en l'air et, malgré l'obscurité qui, presque à chaque pas, tend des pièges sur la route, les chevaux prennent le galop. Taïeb est en tête. Il escalade un monticule, il se retourne vers nous avec des cris. Là-bas, quatre feux d'alfa flambent, en hautes colonnes, autour d'un campement de caravane. D'où nous sommes, on dirait un village incendié. Il est infiniment probable que ce sont les nôtres. Nous avançons toutefois avec quelques précautions et en jetant des cris de reconnaissance. On est défiant dans ce pays-ci après le coucher du soleil, et les fusils ont tôt fait de partir dans la direction des cavaliers qui viennent du côté de la nuit.

C'est bien pour nous guider que ces flammes ont été allumées. Tout est prêt pour nous recevoir. Afin de nous abriter du vent qui souffle assez vif et qui couche les feux du côté de l'aurore, on a dressé près de nos lits une espèce de rempart avec le tas des bagages. Les chameaux sont debout sur trois jambes, la quatrième patte pliée en deux et garrottée; les chevaux ont leurs entraves et des tas d'orge versés devant eux.

Au centre du campement pétille un feu très luisant, presque sans fumée. Il éclaire deux goumiers debout; l'un, les manches relevées sur les bras nus, est encore tout ensanglanté de l'égorgement du mouton. A eux deux, entre leurs mains, au-dessus de la flamme, ils tournent une perche où l'animal est embroché comme un poulet. Une forte odeur de chair rôtie flotte dans l'air, saisit aux narines.

Je me souviens des belles descriptions de mangeailles que j'ai lues autrefois dans l'*Iliade;* elles répandaient par la classe un parfum troublant. Elles infligeaient à nos fringales de collégiens, toujours inassouvies, le supplice de Tantale. Eh bien! la peau craquante, soulevée, rissolée comme du drap d'or, est plus appétissante dans la poésie que dans la flambée de l'alfa. A mesure que la cuisson avance, je sens décroître mon désir de me régaler de cette chair encore palpitante de vie.

Et voici que les cuisiniers jugent que leur rôti est à point. L'un d'eux appuie l'une des pointes de la perche contre terre, puis comme le mouton empalé fait le récalcitrant, de son pied nu et poussiéreux, meurtri aux pierres de la route, le chamelier pousse le rôti hors de la broche. Alors, cérémonieusement, par les quatre pattes, on nous l'apporte tout ruisselant de graisse et on le pose à cru, sur ma cantine. Le goum fait cercle. On attend que nous ayons rassasié notre faim pour jouer des mâchoires.

Le morceau de choix, c'est le filet. Il faut le chercher à la pointe du couteau, le long des côtes. On l'arrache avec ses mains; on le mange tout dégouttant de jus, sans fourchette et sans pain.

Je voudrais bien voler à mon camarade la moitié de sa faim. Mais au moment de mettre la dent dans cette viande encore toute saignante sous une couche de brûlé, une étrange idée m'assaille qui me fait lever le cœur : ce mouton a l'air d'un petit enfant fraîchement égorgé. La hantise est si persistante que je me détourne pour achever dans un coin une vieille boîte de « corned beaf » et pour ne pas être témoin d'un repas de cannibales...

VII

Sous le Bétoum.

... Une des meilleures surprises de ces traversées des hauts plateaux, c'est la rencontre du *bétoum*.

Depuis des heures, souvent depuis des jours, vous cheminez dans un paysage de décor immobile : à droite, à gauche, des murailles de rochers, sous vos pieds un tapis d'alfa, tout dépecé, déchiqueté, qui laisse voir le sol rouge. Pas une verdure qui dépasse le genou du cheval. Et voilà que soudain, dans cette platitude, surgit un grand et bel arbre, rond et fourni de feuillage comme un pommier, robuste comme un chêne, droit et lisse de tronc comme une colonne, jusqu'à l'épanouissement de sa ramure déployée en parasol.

La présence du bétoum dans ces solitudes et dans ces aridités étonne. Elle semble un fait miraculeux. Il veille là, chargé d'une mission providentielle. Il étend un peu d'ombre sur ceux qui sont las de la route. On éprouve sous son feuillage ce respect qui saisit dans les vaisseaux d'église. Et vraiment il y a longtemps que le bétoum est considéré comme un arbre sacré, comme une intervention directe de Dieu. C'est lui que, depuis des siècles, la tradition dessine au seuil des bibles; il porte le fruit de la tentation, le premier couple humain est debout sous son ombre. De même fleuritil dans la pierre, au front des cathédrales gothiques.

Nous trouvons au pied du bétoum de Kert un vieil homme à barbe grise, immobile, majestueux dans ses haillons. Tout à l'entour, des moutons broutent, éparpillés dans un bosquet de lauriers-roses. Nous entendons leurs pas légers sur l'herbe, et, comme ils se pressent du côté du ruisseau, le frôlement doux de leurs épaules laineuses. Depuis des jours, des semaines peut-être, ce vieux vit dans l'isolement, dans le silence de toute parole humaine. Pourtant il ne se lève pas à notre approche, même il ne paraît point s'apercevoir de notre venue. Et je songe qu'il est là depuis des siècles, depuis les temps bibliques où Dieu se cachait dans la cime des arbres pour causer avec les pasteurs.

Les gens de ce pays sont religieux comme les choses elles-mêmes. Nous sommes entrés ce matin dans une vaste plaine où débouche une petite coulisse de montagnes. Ce défilé semble avoir été taillé pour abriter des embuscades. Dès le seuil, nos guides qui marchaient par devant ont tourné bride. Ils sont venus rôder autour de nous avec l'intention évidente de nous adresser quelque requête. Enfin, Taïeb, qui est le plus hardi, porte la parole, il demande :

— Veux-tu nous permettre de traverser cette plaine au galop ?

— Pourquoi au galop, Taïeb ?

Le spahi répond sans embarras :

— Cette plaine-là est consacrée à Sid-el-Harrek, le saint des cavaliers qui partent pour le pillage. Les croyants lui doivent l'hommage du galop.

La permission est accordée. Aussitôt, debout sur leurs étriers, nos deux spahis s'enlèvent dans une course folle. Ils diminuent à vue d'œil : leur foi est grande, le jarret de leurs chevaux solide ; Sid-el-Harrek sera content d'eux. Mais pour nous, nous ne pouvons nous empêcher de rire à la pensée de cette dévotion des guides officiels qui nous gardent, pour le patron canonisé du brigandage arabe.

Peut-être bien qu'en comparant nos convictions et nos actes d'hommes civilisés on trouverait par-ci par-là des disparates non moins plaisantes. Du moins, y a-t-il un fonds de sentiments très simples, tout à fait primitifs, qui sont en tout pays le sol de la nature humaine. C'est, par exemple, la tendresse pour les enfants.

Je causais de ce sujet-là, l'autre matin, avec Taïeb. Il m'a dit :

— J'ai failli ne pas vous servir de guide, car ma femme a mis au monde un garçon la veille de notre départ.

— Comment l'as-tu appelé ?

— Mohammed.

— C'est ton premier enfant ?

— J'avais déjà deux filles, mais ça ne compte pas.

Et là-dessus, il laisse éclater sa joie. Son fils sera spahi ; lui-même lui apprendra à monter à cheval.

Soudain il s'interrompt et déclare :

— En France, il y a beaucoup d'hommes qui ne sont pas mariés. C'est mal. Car, enfin, *ceux qui ne sont pas mariés pensent comme les autres?...* Alors, pourquoi ?

Évidemment, Taïeb n'a pas ouvert les romans à la mode. Il serait fortement scandalisé de lire l'apologie du célibataire oisif et coureur de bonnes fortunes qui fleurit sous la plume des romanciers contemporains. Cette naïveté fera sourire les exquises adoratrices de tous les Mariolle et de tous les Cazal qui tiennent chez nous les cœurs enchaînés. Mais peut-être se rencontrera-t-il dans un coin un sage qui trouvera bonne odeur à cette ingénuité de sauvage et qui écrira l'opinion de Taïeb, en note, au bas d'un chapitre du *Huron*.

... La civilisation ne se trahit pas seulement par le raffinement de sa morale, mais par la supériorité de ses chemins vicinaux. Notre approche de Géryville nous est tout d'abord signalée par l'apparition d'un tronçon de route frayée en plein rocher.

Nous passons notre dernière nuit sur les hauts plateaux au ksar de Sid-el-Hadj-ben-Ameur, tout à fait en dehors du chemin, dans un bas-fond. Le village est dominé par un marabout comiquement coiffé d'une boîte à conserves. Comme nous sommes tous voisins de la ville, les gens de l'endroit reçoivent fréquemment des visites et ils connaissent leurs devoirs envers les hôtes. Nous avons affaire à une famille de marabouts très accueillants. Bien que l'heure soit tardive et la nuit tout à fait tombée, ils nous apportent du lait dont ils refusent le payement avec obstination. Le plus vieux de la bande ajoute avec un sourire ironique :

— C'est la moindre des choses que nous puissions faire. Même un chien de Français est sûr de trouver bon accueil chez nous.

La formule arabe dont il s'est servi laisse dans le doute, s'il a voulu dire le chien d'un Français ou un Français de peu d'importance. Nous ne lui demandons pas d'éclaircir sa pensée. Mais, pour répondre à sa politesse, on lui offre un sac de petits gâteaux secs qu'il commence à grignoter gravement. Deux personnages, d'apparences vénérables, tendent la main vers lui pour goûter aux *alaouat*. Ils sont d'inégale noblesse. Le marabout règle là-dessus l'esprit de sa distribution. L'un des barbons reçoit une poignée de gâteaux. L'autre seulement deux croquignoles, pour goûter.

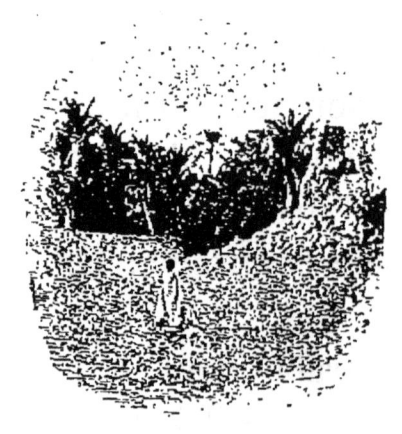

VIII

Un Marabout fin de siècle.

Nous avons eu ce matin, 17 juillet, une petite déception : les guides nous promettaient qu'au sommet de la côte on toucherait Géryville avec la main. La première borne militaire rencontrée sur la route nous désillusionne : il reste encore une quarantaine de kilomètres à fournir.

Les interminables plateaux qui sont derrière nous étaient d'aspect bien monotone ; mais il faut croire que le paysage vous façonne l'âme, car nous y avons eu plus de patience. On se résignait à cheminer au pas dans ces hautes herbes ; on prenait son temps, n'ayant pas de but devant soi. Sur cette route militaire qui, malgré la solitude du décor, sent son pays civilisé, on enrage d'avancer si lentement. Au sommet de chaque montée, on espère l'apparition de la ville et on se dépite de n'apercevoir que le ruban droit de la route qui hausse et baisse.

L'ombre est tout à fait descendue sous les pieds de nos chevaux, comme une réverbération dans une rivière, et, depuis deux heures, nous cheminons, les yeux fermés, dans une poussière blanche et craquante comme de la neige. Enfin, à nos pieds, voici le serpentement d'un petit ruisseau qui barre le paysage d'une lignée d'arbres grêles. Derrière, les plateaux se relèvent brusquement en altitude abrupte de montagne ; Géryville est abrité dans ce pli de terrain.

Si ces lignes tombent sous les yeux des officiers en garnison dans ce poste d'avant-garde, ils seront très surpris que leur sort m'ait semblé digne d'envie, que Géryville me soit apparu sous des couleurs de paradis terrestre. Sûrement, l'accueil que nous avons reçus dans ce coin de sable contribua pour une bonne part à une transformation si magique. Puis il faut compter avec la disposition à l'enthousiasme de touristes qui, depuis huit jours, n'ont pas eu un toit sur la tête, qui n'ont bu que de la boue tiède et qui, tout d'un coup, trouvent sur leur route, l'abri d'une maison hospitalière adossée à un jardin, rafraîchie par le sanglot d'un jet d'eau, une maison dont les volets sont clos tout le jour contre le soleil, où le champagne monte gaiement de la cave. Je le sens bien à cette heure, j'ai vu Géryville comme font les enfants qui dans les belvédères regardent le paysage à travers un carré de vitre rose.

Il est bien difficile de faire comprendre à des gens qui, quotidiennement, pour remplir leur tub, n'ont qu'à tourner le robinet de leur toilette, quelle volupté c'est pour un homme qui ne s'est pas débarbouillé depuis une semaine de se placer sous une douche. On lève le visage vers cette pluie bienfaisante pour boire les goutes d'eau, pour s'en faire aveugler. Et après, c'est la sieste sur un lit qui a des draps, sans bataille avec les mouches. Je m'attarde dans ces délices jusqu'à l'heure de descendre au cercle.

Il est installé dans un vrai jardin, merveilleusement fleuri de roses, mais empoisonné par le voisinage pestilentiel d'un grand lac. Nous y trouvons les officiers de la garnison qui nous attendent ; deux chefs arabes sont assis avec eux, deux marabouts de la tribu des Oulad-Sidi-Cheikh. Ces importants personnages nous ont fait convier à dîner dans leur maison de la ville. Nous devons prendre ce soir notre repas chez le plus âgé des deux, l'agha Si-Ed-Dine ; nous souperons demain chez son neveu Si-Hamza.

J'ai recueilli sur nos hôtes quelques

renseignements. J'ai appris que parmi les ordres mystiques, issus de la philosophie de Abou-Hassen, l'un des plus importants dans l'histoire de l'Algérie est précisément représentée par cette famille des Oulad-Sidi-Cheikh. L'ordre qui prit naissance en 1023 de l'Hégire (1615 de J.-C.)

à la mort d'un grand seigneur féodal, Sid-Abd-el-Kader-ben-Mahommed, n'est à proprement parler ni une communauté religieuse, ni une congrégation, ni même une association pieuse. C'est un faisceau d'influences maraboutiques aux mains d'individus souvent très divisés, mais qui ont tous une origine commune et qui placent leur autorité sous le patronnage de leurs ancêtres. Le caractère maraboutique de ces aïeux morts en odeur de sainteté a contribué pour une large part au développement de l'influence des Oulad-Sidi-Cheikh. Elle est immense dans le Sud algérien. Elle s'étend du Touat au pays touareg. D'ailleurs le rôle religieux de ces chefs se borne à exploiter le fétichisme des vassaux et des clients aux profit d'intérêts exclusivement temporels et politiques.

Si-Hamza et ses deux oncles, Si-Ed-Dine et Si-Kaddour, ne peuvent faire un pas dans ce Sud sans se heurter aux tombeaux de leurs ancêtres. Ils entretiennent particulièrement le souvenir de l'aïeul qui devint célèbre dans tout le monde musulman sous le nom de Sidi-Cheikh. Et il semble à distance que cet homme fut grand par ses vertus. A une époque où la force régnait seule il ne s'occupa que d'exercices de piété ; par l'unique autorité de son nom et de son caractère, il devint, à la satisfaction de tous, l'arbitre du Sahara. Il réglait sans appel les différends qui s'élevaient entre les nomades. Il dut bâtir cinq ksour pour abriter la foule de faibles et d'opprimés qui se pressait autour de sa personne. Quand il mourut (1545 de J.-C.) après avoir vécu quatre-vingt-quatre années musulmanes, il laissa un testament qui affranchissait ses nombreux esclaves nègres et qui les désignait pour être administrateurs du temporel de la zaouiya qu'il avait fondée. Il avait engendré dix-huit enfants ; le fameux Bou-Amama, le chef de l'insurrection de 1881, descend de Sidi-Cheikh par Sidi-Tadj dont la famille s'installa chez les

Amour et aux environs des deux Moghrar.

A notre vue les deux chefs se lèvent ; leur haïks de soie sont d'une blancheur immaculée sur laquelle se détache à ravir le ruban rouge de la Légion d'honneur. C'est avec les chapelets et les croix d'ambre, les seules notes de couleur qui font vibrer la neige de leurs costumes. Ils nous reçoivent avec le salut militaire, la main portée à leur tempe.

Je les regarde attentivement. Tous deux sourient du regard et des lèvres, de ce sourire ironique qui erre sur toutes les faces musulmanes et qui, chez les chefs, révèle avec la trahison une gênante profondeur de mépris. D'ailleurs, l'un et l'autre, ont cette élégance de manières qui en tout pays est l'apanage de la noblesse, le fruit de la puissance héréditaire. Leurs expressions sont toutefois différentes ; l'habitude ordinaire du visage de l'agha Si-Ed-Dine, c'est la dignité parfaite, le calme musulman. On m'a dit qu'il était fils ou petit-fils de négresse. Cette tare révélée par la couleur foncée de son teint n'empêche pas que Si-Ed-Dine soit considéré par les croyants comme l'héritier le plus direct des vertus du glorieux ancêtre.

Pour Si-Hamza, c'est un enfant gâté, le type du fils de famille à qui l'on pardonne toutes les fantaisies, de ces princes que le bon peuple de chez nous appelait autrefois « bien-aimés ». D'une dizaine d'années plus jeune que son oncle l'agha, il a tout juste dépassé la trentaine. Je n'ai pas vu sur toute ma route un type plus parfait de beauté masculine : le profil est d'une grande pureté dans son dessin d'oiseau de proie, la barbe fine et très noire, l'œil langoureux et dur, la stature haute, la démarche élégante ; les pieds et les mains accusent la race.

Si-Hamza n'est pas seulement un grand coureur de filles, c'est un joueur émérite ; au moment de notre arrivée, il vient de gagner aux cartes quelques milliers de francs à son oncle. Il s'asseoit près de moi pour me conseiller aux dominos où, en bon normand, j'ai des prétentions. Tant qu'il me donne ses avis la chance ne m'abandonne pas ; il me quitte pour aller causer avec un officier de la légion et je suis battu à plates coutures.

Puis on se lève afin de suivre l'agha jusqu'à sa maison. Il n'y vient guère que pendant les grandes pluies d'hiver et quand le bureau arabe l'appelle à la ville ;

le reste du temps, il préfère camper au désert avec ses cavaliers, ses femmes et ses clients autour de lui.

La salle à manger ouvre à deux battants directement sur la rue. C'est une pièce longue comme une galerie, dans une demeure bâtie à l'européenne. Sur la cheminée, une boîte à musique remontée en notre honneur, joue un air de la *Grande-Duchesse;* le service est à la française avec des assiettes bordées d'un filet bleu et or, des verres à pied, une nappe damassée, des candélabres. Tous les officiers invités par l'agha sont venus en grande tenue; la vilaine tache de mes vêtements sombres déshonore seule cette table multicolore. Je n'ai jamais senti si fort la nécessité d'inventer un uniforme pour les civils.

L'agha, qui ne boit que de l'eau, a pourtant soigné la carte des vins. Nous avons du Sauterne, du Bourgogne et du Champagne. Quant au neveu, les grands crus de France ne l'effrayent pas, et lorsqu'on lui demande en riant s'il ne craint point de scandaliser les gens qui le servent, il répond avec sang-froid :

— C'est mon médecin qui m'a défendu de mettre de l'eau dans le vin que je bois.

Je n'ai jamais vu un aussi surprenant pince-sans-rire. Si-Hamza est venu autrefois à Paris. Il comprend fort bien le français ; il est en état de prononcer quelques phrases. Sa préoccupation constante est de nous paraître « très Parisien ». Il me crie à travers la table :

— Paris choknozoff... Moi, très bécarre.

Comme je le vois si désireux de se tenir au courant des modifications de l'argot du boulevard, je le prends dans un coin et je lui apprends que les deux termes dont il vient de se servir ont un peu vieilli. On ne dit plus à l'heure qu'il est d'un homme « dans le mouvement » qu'il est « très bécarre », mais bien qu'il est « fin de siècle ».

Si-Hamza semble enchanté de cette révélation. Il répète cinq ou six fois de suite :

— Fin de siècle... fin de siècle...
Et il fait le tour de la table pour éton-

ner les convives par le déballage immédiat de son récent savoir.

Il nous conte, d'ailleurs, dans le cours de la soirée, une historiette que je ne puis résister au plaisir de rapporter tant elle me paraît caractéristique.

Lors de son dernier voyage à Paris, Si-Hamza était descendu au Grand-Hôtel avec son oncle Si-Ed-Dine. Un soir que les deux marabouts regagnaient leur logis, ils furent arrêtés sur le boulevard par une de ces promeneuses nocturnes qui n'ont point d'autre profession que d'indiquer le chemin aux étrangers.

— Que veut cette femme? demanda l'agha qui n'entend point le français.

Si-Hamza répondit gravement :

— C'est une malheureuse dont le père est mort. Elle sait que tu es très généreux. Elle vient te demander de quoi le faire enterrer.

— Combien dois-je lui donner? reprit l'agha.

— Je crois que cinq louis feront l'affaire. Veux-tu que je les remette de ta part?

L'oncle donna à son neveu un billet de cent francs tout neuf. A l'heure qu'il est, il ignore encore que Si-Hamza aida la demoiselle à enterrer son père, avec des écrevisses autour.

J'ai rendez-vous le lendemain matin avec ce neveu vraiment « fin de siècle » pour visiter les boutiquiers de Géryville.

C'est dimanche. Il me conduit au petit marché tout à fait désert. Il me montre un âne pelé qui prend le soleil seul au milieu de la place, et il prononce :

— Géryville... toujours aussi gai que ça... La place de l'Opéra... à Paris... Ah !

Nous sommes suivis par une foule de dévots, des hommes, des enfants, qui cherchent à toucher les vêtements du marabout, à baiser ses mains.

Dans le tas, un nègre affreusement lippu est plus acharné que les autres ; il s'est emparé d'un pan de haïk. Mais Si-Hamza le repousse de son poignet solide :

— Va laver ton museau !

Il est impossible d'apporter moins de ménagements dans le soin de sa popularité. Si-Hamza met évidemment de l'amour-propre à en agir de la sorte devant un roumi. Il sait que nul affront ne découragera la piété des croyants pour l'élu qui a dans les veines le sang sacré de Sidi-Cheikh. Et il jongle avec son magique pouvoir.

Le repas qu'on nous offre témoigne du désir où a été notre hôte de nous recevoir à la parisienne et d'éclipser le luxe de réception de l'agha. Si-Hamza n'a point de boîte à musique sur sa cheminée, mais une belle pendule du Marais, une Polymnie accoudée à un cylindre où les heures roulent. Le long des murailles s'alignent des coins de feu bretons dont le bois a été doré. Ils alternent avec des fauteuils en peluche brodée d'un ton tapageur. Si-Hamza a pris grand soin d'écarter de son repas tout mets de cuisine arabe. Il a dû se faire violence pour conserver la place de rôti au mouton entier qui, maintenant, ne me dégoûte plus. Les honneurs du menu, placé avec un bouquet de fleurs sur chacune de nos serviettes, sont pour

un plat dont notre hôte attend des compliments :

TRIPES A LA MODE DE CAEN

Et il ne semble pas moins satisfait à la vue d'une pièce montée, une forteresse de nougat que l'on sert, enveloppée de gaze, comme un lustre, à cause des mouches. Le long du repas, il plaisante et parade pour les roumis, tandis que l'agha le suit d'un regard tout ensemble attristé et indulgent. Il fait circuler sa photographie qu'il contemple avec satisfaction, mais sans se rendre compte bien au juste de ce qu'il nous montre. Car tous ces gens du désert sont incapables de se reconnaître dans une image où la couleur manque. Mahomet interdit la reproduction de la figure humaine et l'œil arabe, sans éducation héréditaire, ne démêle rien dans l'abstraction du dessin. Pour tenter une expérience, j'ai montré quelques jours plus tard le portrait de deux enfants à une femme arabe. Elle m'a répondu :

— Quelle belle poitrine !

Elle croyait que je lui faisais voir une beauté célèbre de mon pays.

Le café bu avec les liqueurs, au moment où les convives se lèvent pour prendre congé, Si-Hamza nous réunit, deux ou trois, à l'écart, et nous dit à l'oreille :

— Faites semblant de partir, je veux vous donner une btta.

La btta, c'est un divertissement de danses. Celles que j'ai vu l'an dernier à l'Exposition, et, plus tard, dans un coin de la Kasbah de Tanger, n'ont pas épuisé ma curiosité. J'accepte avec plaisir l'invitation de notre hôte.

Quand tout son monde est parti, il nous introduit dans une petite cour intérieure sur laquelle la salle à manger s'ouvre par sa porte et ses deux fenêtres. A gauche, sous une ogive, il y a une espèce d'estrade recouverte d'un tapis; c'est là que le maître de la maison se couche pour la sieste.

Comme la nuit est noire, une corde a été tendue en travers de la cour; des lanternes de papier y sont accrochées. Si-Hamza qui a disparu une minute, nous revient habillé à l'européenne; plus de turban, de haïk ni de burnous, mais une jaquette d'alpaga et un petit bonnet de soie noire.

Presque aussitôt, les femmes qu'on a été chercher en ville se présentent, une par une. Elles arrivent, enveloppées dans des voiles de premières communiantes qui les cachent tout entières, de la coiffure aux pieds. Elle feignent de grands effarements de pudeur quand Si-Hamza, sans façon, leur découvre le visage. En voici au moins une douzaine, des Fatmas, des Nouras, des Féridjés. La plus âgée n'a pas plus de vingt ans, la plus jeune, Aïcha, va sur dix à peine; elle est accompagnée par sa mère.

Dans cette demi-clarté, à la lueur des

lanternes, leurs costumes semblent d'abord défier l'analyse : un petit hennin doré surmonte un premier turban de soie noire qui couvre entièrement les cheveux, descend presque jusqu'aux sourcils. Le tout est recouvert d'un voile de gaze, rose, bleue ou verte, avec un semis d'étoiles en cuivre. Le corps est habillé dans une espèce de surplis d'enfant de chœur, sous lequel apparaît une tunique de couleur changeante qui crève cette chemise de mousseline aux manches, aux épaules. Une large ceinture soutient le ventre, très bas, coupe la femme en deux, lui rallonge le buste, la rapproche de terre. Et sur toutes ces étoffes flottantes, pend une telle profusion de sequins, de chaînettes, d'amulettes, de bijoux d'argent et de corail, de pièces enfilées soutenant une serrure symbolique, que ces petites danseuses semblent moins des femmes vivantes que des statues chargées d'*ex-voto*, comme on en voit dans les églises. Leur front, leur nez, leur menton, leurs pommettes sont peints de fleurs et d'étoiles bleues; le khol agrandit leurs yeux, le souak rougit leurs dents et leurs gencives; des mitaines de tatouage serrent leurs poignets, descendent jusque sur les mains, délicates comme de la dentelle. Et leur visage est d'une immobilité atone en dehors de la brusque détente du rire.

Comme notre présence semble les intimider un peu, Si-Hamza va de l'une à l'autre, les caresse, les excite. Donc, elles dansent deux par deux; tantôt elles se font face, tantôt elles s'enlacent. Et alors elles se voilent la figure avec leur mouchoir. Lorsqu'elles sont lasses de faire rouler leurs hanches, l'orchestre se tait une seconde. Nous nous levons alors, et, selon la coutume, nous venons leur coller des pièces d'argent sur le front, très fort avec de la salive. Il s'exhale de leur personne une odeur fade, écœurante, de laine trempée de sueur, de graisse de mouton, de musc à treize sous

Pour la seconde partie de la fête, Si-Hamza nous a promis des chansons. Il fait asseoir son pensionnat, en rond, autour d'un grand tambourin. Elles frappent là-dessus toutes ensemble une cadence avec leurs doigts. Mais les airs ont du mal à leur jaillir de la gorge. Décidément elles ont honte. Alors notre hôte recourt à un ingénieux artifice : il s'approche sournoisement des danseuses avec une paire de pistolets qu'il décharge, en même temps, au-dessus de leurs têtes.

C'est comme un signal de théâtre.

En une seconde, l'odeur de la poudre grise ces filles de guerriers. Toutes en chœur, elles lancent un formidable « pihouït! » aigu, déchirant. Les voilà debout, en deux camps; elles s'abordent, elles reculent. Elles chantent, elles tapent dans leurs mains, elles rient à grands éclats. Le nègre qui bat du tambour, le flûtiste qui souffle à pleines joues dans sa rhîata, s'emballent comme les danseuses.

Et Si-Hamza, debout sur les marches

de sa salle à manger, devant le décor de la table desservie, des bouteilles en débandade, les candélabres qui meurent, s'écrie, en appuyant contre sa haute taille la tête de la petite Aïcha :

— Moi, je suis marabout !

IX

Les tentes des Oulad-Sidi-Cheikh.

Géryville marque le premier tiers de notre route. Nous y restons trois jours pour nous refaire et pour compléter nos provisions. Taïeb, Kaddour et les chevaux ne nous accompagneront pas plus loin. Deux jours de marche nous séparent à peine du Sahara et si les chevaux valaient mieux que les chameaux pour traverser les plateaux des ksour, pour descendre les escaliers de rochers, pour franchir les mauvais pas de cette région montagneuse, il est impossible de les emmener plus loin. L'eau et le fourrage vont manquer en même temps; le cheval ne peut se mettre en route que suivi d'un mulet qui porte pour lui des provisions d'orge. Ce mulet, quoique plus sobre, prétend lui-même à manger et à boire. Il faudrait s'encombrer de toute une suite de bêtes de somme qui ralentiraient singulièrement notre marche.

Nous avons donc fait venir de Ouargla deux méhara pour notre usage et trois guides montés comme nous. J'attends pour noter les impressions de mes débuts en chameau-coureur que ma bête et moi nous ayons fait plus complète connaissance.

Je crayonne tout de suite le portrait de nos guides. Ce sont Brahim, Ben-Aiech et Cheikh-ben-Bou-Djemâa, trois des Chaàmba de Ouargla et de Metlili.

Notre Brahim est un petit homme maigre, d'une trentaine d'années, singulièrement alerte et robuste. L'expression de ses traits, comme celle de ses compagnons, est bien plus individuelle que les visages d'Arabes qu'on rencontre dans les provinces du Nord. Par là, malgré le cuivre de son teint, Brahim semble plus voisin de nous. Bien qu'il soit vêtu de façon minable, d'un burnous sale, effiloché du bas, il ne manque point de distinction dans ses manières. C'est une nature fière, presque farouche, avec on ne sait quoi dans la démarche et le ton, dans la parole, qui rappelle la politesse ecclésiastique. Aussi bien, Brahim est-il membre d'une confrérie religieuse. Entièrement glabre, ses yeux très noirs, très vifs, ont une mobilité d'écureuil. Le menton se termine en pointe comme un museau de bête. Brahim, qui ne porte point le turban, mais seulement une calotte, coiffée d'un pan de burnous, s'enveloppe volontiers le bas du visage. Cette habitude achève de lui donner au repos une apparence féminine que dément, dans l'action, la décision de ses gestes. Il est attaché au bureau arabe de Ouargla en qualité de cavalier de Makhzen. Comme c'est un merveilleux monteur de méhari et qu'il sait choisir ses bêtes, on l'emploie à titre de courrier extraordinaire dans les missions difficiles. Il part, il ne s'arrête plus. Il a fourni de la sorte jusqu'à cent cinquante kilomètres de chemin en vingt-quatre heures presque sans quitter la selle. Le 14 juillet dernier, aux courses de méhara qui ont été données à Géryville, il a gagné le prix. Au moment où il a reçu l'ordre de venir nous rejoindre, il rentrait à Ouargla d'un voyage au sud du Maroc.

Le second guide, Ben-Aiech, n'a pas tant de relief. C'est dans le grand manteau bleu d'uniforme, un demi-noir avec un nez très droit, des dents éblouissantes. Il appartient au Makhzen de Ghardaïa, et il est spécialement chargé de nous conduire jusqu'au M'zab.

De nos trois Chaamba, celui qui m'intéresse le plus est le cavalier qu'on a spécialement attaché à mon service, Cheikh-ben-Bou-Djemâa. Ce Cheikh a sa notoriété dans l'histoire du Sud. C'est lui qui servit de guide au colonel Flatters dans cette seconde expédition où la mission fut massacrée. En cette occasion, l'attitude de Cheikh est demeurée louche; à la minute où le colonel et les siens furent assaillis, Cheikh, que l'on avait envoyé quelques jours auparavant à In-Salah chez les Touaregs, se trouvait éloigné du camp, occupé à chasser la gazelle. Il n'y rentra que quand tout était fini.

Il est difficile d'établir quel fut au juste le rôle du Chaambi dans cette triste aventure. A son retour, Cheikh trouva l'opinion divisée. Les uns songeaient à le faire décorer; d'autres, persuadés que, complice des Touaregs, il avait été un des premiers à piller le camp, insistaient pour qu'on le fusillât. Cheikh ne reçut ni la croix ni les balles : on l'a attaché comme Brahim au Makhzen de Ouargla.

Par quelque voie que l'argent lui soit

venu, l'ancien guide du colonel est aujourd'hui fort bien dans ses affaires. C'est lui le propriétaire des méhara que nous montons et des chameaux de bât qui vont porter nos bagages. Il est vêtu comme un homme dans l'aisance. Il a de belles bottes marocaines en cuir rouge ; son burnous est neuf et propre ; il est armé d'un bon Lefaucheux et d'un sabre touareg avec la poignée en croix ornée de pierres ; il porte deux chevalières d'or au doigt. Cheikh va sur ses quarante ans. Court de jambes, il semble prodigieusement robuste. Sa politesse est obséquieuse ; sa mine, une des plus basses que j'aie rencontrées de ma vie. C'est un étrange alliage de la canaillerie d'un conducteur de diligence et de la doucereuse hypocrisie des vieilles bonnes de célibataires qui soufflent les héritages.

Ni Brahim, ni Cheikh, ni Ben-Aiech ne parlent français. On a essayé de leur apprendre mon nom, qu'ils prononcent : *Ogliou*. Ils préfèrent d'ailleurs m'appeler

« mon lieutenant », et il serait inutile de leur expliquer que je n'appartiens pas à l'armée : ils n'admettraient pas un seul instant qu'un civil pût monter un méhari.

Nous avons accepté de déjeuner chez l'agha des Oulad-Sidi-Cheikh, Sidi-Ed-Dine, qui est retourné à ses tentes, à une vingtaine de kilomètres de la ville.

On part au petit jour, réveillé en pleine nuit par les gémissements des méhara sur la place, par la colère des chameaux de bât qu'on charge. On arrive en vue du campement de l'agha vers dix heures du matin. Cinq ou six tentes surgissent d'une vaste plaine où la végétation est aussi rare que sur les hauts plateaux. Les montagnes des ksour bordent l'horizon à notre droite ; à gauche, dans la direction de Laghouat, fuit le djebel Amour.

Si-Ed-Dine vient au-devant de nous avec une quarantaine de cavaliers, alignés sur un seul rang, au galop. Son fils, Abd-el-Kader, un garçon de dix ans, monte, à côté de lui, un barbe blanc. Les harnais marocains, les selles de couleur, les canons de fusil brillent au soleil. Le vent, qui est vif, soulève les burnous derrière les cavaliers dans ce flottement qui semble un coup d'aile, et fait de l'Arabe au galop dans les plaines comme un oiseau fantastique, une chimère prête à l'essor.

Au centre du campement on a dressé, pour nous recevoir, la « tente des hôtes ». Au dehors, elle est blanche et parsemée de vases d'un dessin hiératique, coloriés en bleu, qui, du sommet à la base, en cercles toujours plus étroits, décorent la blancheur de la toile. A l'intérieur, c'est une alternance symétrique de bandes rouges et vertes. Des tapis anciens recouvrent entièrement le sol. La tente est meublée de divans bas. Sur ces divans sont étendues des étoffes légèrement ouatées; ce sont des morceaux de soieries claires, bleues-pâles ou jaunes-pâles, à fleurs, entourés de bandes plus foncées;

les soieries jaunes sont relevées de rose, les bleues de ponceau vif. Et il y a partout une profusion de traversins et de tabourets multicolores. En sortant de la plaine où les yeux, pendant des heures, se sont habitués à la monotonie de la terre brûlée, cette chanson de couleurs claires, rencontrée en plein désert, ravit comme une boisson fraîche.

Et l'on goûte aussi sous cette tente la douceur de l'abri, car, dehors, le vent est très vif. Il s'abat tout d'un coup, en rafale, sur le campement de l'agha. Il s'engouffre sous la tente. Il va l'arracher à ses pieux. Mais un cri d'alarme a été poussé, les cavaliers ont vu venir cette trombe : à chaque cordage, il y a un homme qui tire, s'arc-boute. A cette minute, la tente a l'air d'un ballon qui se balance pour s'enlever. Puis la colonne de poussière court vers les montagnes. L'ordre se rétablit. Nous nous rasseyons sur les divans et l'on commence à servir le repas.

A l'arabe, cette fois : sans tables, sans

fourchettes, sans assiettes, les éternels ragoûts de deux couleurs, le macaroni aux tomates et au poivre rouge, le messoar rôti.

Contre notre attente, Si-Ed-Dine ne s'attable point avec nous. Il prend le prétexte d'une lettre à écrire pour commander aux caïds de Ghassoul et de Brezina de se mettre à nos ordres. De fait, ici, au milieu de ses tentes et de sa clientèle, il ne veut pas être vu mangeant le pain et le sel avec des roumis. Comme nous avons flairé ce motif, nous lui jouons le tour de faire asseoir avec nous, sur les coussins, le petit Abd-el-Kader et de lui offrir du couscous. L'enfant hésite, puis se laisse faire. Je gagne ses bonnes grâces en lui fabriquant une cocotte, une salière, une gondole en papier. Il va les montrer à l'agha; et, pour la première fois depuis que j'ai fait la connaissance de Si-Ed-Dine, je le vois sourire. On a beau être marabout des Oulad-Sidi-Cheikh, on n'en est pas moins père.

Notre séparation est marquée par un petit incident, qui jette un froid. Nous sommes remontés sur les méhara et déjà en route, quand Si-Ed-Dine rappelle nos guides en arrière, Cheikh-ben-Bou-Djemâa se précipite à ses pieds. Il baise ses mains et son haïk. Mais Brahim qui veut faire du zèle, lance son chameau en avant pour nous rejoindre, et il crie d'une voix éclatante :

— Je ne sers qu'un maître !

Le cavalier qui porte la lettre de l'agha est parti avec une avance, sans que l'épître nous ait été montrée. D'autre part, nous apprenons que Si-Ed-Dine a quitté Géryville, brouillé avec son neveu Si-Hamza : il ne lui pardonne pas les plaisanteries du dîner, ni la petite fête qui a suivi.

C'est que les marabouts des Oulad-Sidi-Cheikh ne sont point des vaincus, mais une façon d'alliés. Pendant dix ans, de 1871 à 1882, associés à une bande de pillards, les Medaganat, dont les exploits sont déjà légendaires, ils coupèrent tout le Sahara, de l'oued Drâa au Nefzaoua, de l'Adrharh au djebel Amour, razziant, massacrant indistinctement amis et adversaires. Dans une seule de ces journées, Si-Hamza, le marabout si « fin de siècle », le neveu de comédie dont je vous parlais tout à l'heure, a tué de sa main, onze ennemis et perdu deux doigts, dont l'un fut tranché par un coup de sabre, l'autre coupé par les dents d'un moribond.

Les Oulad-Sidi-Cheikh tiraient grand profit de ces razzias, car ils sont singulièrement avantagés à la répartition des dépouilles. Le partage du butin se fait dans le Sahara de deux manières : tantôt chacun garde ce qu'il a conquis lui-même, tantôt tout est mis en commun et la prise est divisée par le nombre des combattants. Mais, dans l'un et l'autre cas, les tribus qui subissent l'influence religieuse des Oulad-Sidi-Cheikh, réservent d'abord pour leurs marabouts une part privilégiée

Vers 1882, Si-Hamza et son oncle,

dont la famille était en insurrection depuis 1864, se sont décidés à faire leur soumission. On estima à une soixantaine de mille francs le revenu annuel de leurs razzias. En échange de cette solde qui leur est payée par la France à Géryville, les trois chefs des Oulad-Sidi-Cheikh s'engageaient à ne plus razzier chez nos serviteurs et alliés. Jusqu'ici Si-Ed-Dine et son neveu ont fait matériellement honneur à leurs engagements; pour le deuxième oncle de Si-Hamza, Si-Kaddour, sa foi est suspecte. Il campe à l'ordinaire tout à fait au sud du cercle, à l'est de l'Oued-Segueur, sur la route par où les mécontents de toute sorte passent pour se rendre au Maroc. D'autre part, voilà quelque temps qu'il n'est venu toucher sa pension. Tous les ans, c'est un nouveau prétexte : la goutte, les rhumatismes. Dans le fait, il est largement dédommagé par les largesses d'un entourage fanatique, qui lui sait gré de dédaigner notre argent.

De notre coucher à Ghassoul je ne dirai rien, sinon que nous avons le regret d'y quitter le chef du bureau de Géryville qui nous a si gracieusement accueillis. Le lendemain, nous poussons jusqu'à Brezina. C'est, pour nous, la porte du Sahara.

Derrière cette oasis de palmiers, le premier que je rencontre, car la tache verte des ksour n'était qu'une agglomération de jardins, commence la « mer de sable »! Du haut de la pente abrupte qui domine Brezina et sur laquelle les méhara descendent à pas de chats, prudents et veloutés, je découvre une large bande verte qui raye le paysage, entre les éboulements de terre rouge sur lesquels nous glissons et une dune de sable qui monte jusqu'à l'horizon, touche le bord du ciel. Ce n'est pas l'admirable variété de nos bois multicolores : il n'y a ici qu'une essence d'arbre, des milliers de fois répétée. Sa forme est absolue comme un dessin de géométrie. Sa couleur ne varie point. Et, par là, l'oasis cause à première vue l'impression d'une création artificielle. Ces palmiers semblent posés sur le sol comme les petits arbres aux troncs bruns, aux verdures de copeau frisé que les enfants trouvent avec les vaches et les moutons dans les boîtes de bergeries allemandes.

Au devant de nous, son manteau rouge — un manteau de cirque — envolé derrière son dos par la précipitation de son zèle, au grand trot de sa jument suitée, accourt le caïd de Brezina. Il a lu la lettre de Si-Ed-Dine, et, dans un désir emphatique de nous prouver dès l'abord l'excellence de ses sentiments, la hauteur de sa considération, il s'écrie dès la portée de la voix :

— Salut à vous, les gens du Méâd !

Le « Méâd » était jadis, chez les peuples berbères, la réunion des chefs de clans qui s'assemblaient pour traiter de la paix. Le caïd veut donc nous dire qu'il salue en nous des ambassadeurs. A ce titre, il nous a préparé la diffa du mouton et il a fait élever une fort bonne tente où nous serons mieux qu'à dormir au plein air, car le vent souffle toujours.

Ce n'est pas parce que jusqu'ici j'ai surtout vu les palmiers dans des serres que ce coin d'oasis me cause l'impression d'un merveilleux jardin d'hiver. Les chemins battus par le trot des ânes sont sablés d'une fine poussière qui leur donne une couleur d'allées bien tenues dans un parc anglais. Leur arrêt net, au bord des verdures, fait songer à l'intervention soigneuse d'un jardinier.

A côté de notre tente, on a dressé un autre pavillon pour les gens de la suite. Le caïd vient leur tenir compagnie. Comme il est bavard, il cause jusqu'à une heure avancée de la nuit.

Je ne puis arriver à m'endormir, à la pensée que ce Sahara à qui j'ai tant rêvé est là derrière un rideau d'arbres et que demain j'enfoncerai mes pieds dans son sable. Je suis donc la conversation de notre hôte. Il raconte ses affaires de famille. Il parle d'une de ses filles. Il ne peut plus retrouver le nom de celui à qui il l'a mariée.

— Tu sais bien... le grand... qui a reçu un coup de sabre sur le front et qui campait tout près d'ici ?...

Un bruit formidable comme un coup de tonnerre interrompt brusquement cette causerie. Tout le monde se jette hors des tentes : c'est un palmier que le vent vient d'abattre avec sa charge de dattes ; son tronc énorme barre le sentier par où nous sommes descendus hier soir.

Le bon caïd arrive le premier sur le lieu du sinistre. Et cherchant quelque phrase majestueuse appropriée à la circonstance, il rejette son manteau rouge sur son épaule, il étend le bras vers l'arbre et prononce d'un ton solennel :

— Voyez le pouvoir de Dieu !

X

L'équitation en méhari.

Quand de son fauteuil on rêve au Sahara et qu'apparaissent devant les yeux les blancheurs vides du Grand Désert, on voit se développer une grève de sable, sans relief, presque sans moutonnement où les caravanes s'enlisent. Cette prévention tient en nous par de si fortes racines que, au seuil du désert, le premier mouvement est ce cri étonné :

— Mais le Sahara est couvert de végétation !

Végétations innomables, grises, bleu de fer, desséchées comme cette rose de Jéricho que rapportent les pèlerins de Terre sainte. Elles dorment en léthargie dans le sommeil de leurs racines. Pour se gonfler, pour revivre, elles attendent les pluies d'hiver. Leur misère broussailleuse, tordue, crucifiée, est plus effroyablement stérile que l'apparition, par larges taches, du sol rouge et nu. Pour le sable, on le rencontre bien, lui aussi, au désert, mais comme l'oubli, au bord des galets, d'une marée à jamais retirée. Il continue d'osciller ainsi qu'une eau clapotante sous les coups formidables du simoun. Tantôt, pendant des kilomètres, il s'étend en couches épaisses, déroulé en tapis, si merveilleusement uni qu'il semble avoir été tassé par le passage d'un rouleau. Tantôt il est vagué, strié de moires; tantôt il se dresse en pics coniques, en dunes qui fuient abruptes, se perdent dans les brumes de l'horizon, et le sable reparaît aussi au fond des oued.

Ce sont les lits, desséchés durant toute la saison chaude, des torrents que forment les pluies d'hiver, dans les bas-fonds de la cuvette. Pendant tous les mois d'été, l'oued, complètement tari,

sert de route aux caravanes. Deux de ces voies naturelles aboutissent dans les parages de Brezina : l'oued Segueur qui file en ligne droite sur El Goléah et l'oued Zergoun qui incline vers le M'zab.

Lorsqu'on entre dans le Sahara par

l'oasis de Brezina, au seuil de l'oued Segueur, on voit surgir du sol, à perte de vue plat et nu, comme une silhouette étrange de château démantelé. De près, la forteresse est un plateau tabulaire, rigoureusement carré, taillé dans la forme d'un dé à jouer, en pans abruptes. Il a plusieurs kilomètres de tour. D'autres rochers volcaniques, de même coupe mais de taille inférieure l'entourent comme des ouvrages avancés. Ces falaises sans grèves ont donné leur nom à la partie du Sahara qu'elles dominent. On l'appelle la *Région des Gour*. Chaque *gour* compte plusieurs *gara* qui ont leur nom et leur histoire.

Voici la légende du gara de Brezina.

...Au nom d'Allah, très juste et très bon.

Un jour, Dieu voulut créer une femme qui eût une âme.

Et il forma de ses mains Bent-el-Rhàss.

Ses yeux étaient noirs et bien fendus. Ses sourcils ressemblaient au trait arrondi du *noun* que trace la main d'un écrivain habile. Son front semé d'étoiles bleues était large comme la lune dans la nuit de sa rondeur. L'ouverture de sa bouche faisait songer à une bague, la fraîcheur de ses lèvres à un sabre ensanglanté. Ses dents brillaient comme des coquillages, ses joues comme des roses. Ses épaules s'arrondissaient comme un arceau d'ivoire. Sa gorge potelée était de celles dont les textes ont dit : « Ta gorge réchauffera ton mari et rassasiera tes enfants. »

Et comme Bent-el-Rhass devait commander à des hommes, Allah lui donna par surcroît les dons virils. Derrière les paroles, sa pensée devinait le secret des cœurs. Derrière les obstacles, ses yeux voyaient à trois jours de marche.

Un jour, sa chamelle favorite se sauva loin du gara, brûlée par l'amour d'automne. Les vieux cavaliers estimaient son prix à quatre cents boudjou. On aurait donné dix chameaux de bât pour elle.

Personne n'osait annoncer à Bent-el-Rhass le départ de la chamelle bien-aimée. Mais elle-même, étant montée sur sa terrasse, après le bain, à l'heure du moghreb, mit la main sur ses yeux à cause du soleil couchant.

Et elle prononça :

— Je vois ma chamelle qui a suivi l'amant de son cœur.

En même temps, elle cria à haute voix :

— Zem ! Zem !

C'est-à-dire : « Reste-là ! »

Des cavaliers coururent dans la direction que Bent-el-Rhass avait indiquée, et le troisième jour, ils découvrirent la chamelle sous un bétoum. Agenouillée sur la terre, elle ruminait du drine.

Le Sultan Noir entendit parler de Bent-el-Rhass. Il leva ses tentes et dit à ses cavaliers :

— Allons trouver la femme qui a une âme, je veux avoir un fils d'elle.

Il envoya devant lui des chanteurs qui,

au pied du gara, vinrent déclamer des vers en l'honneur de leur maître :

« Que de fois, IL a étendu sur la pous-

sière le mari d'une femme très belle, dont la vie coulait par une blessure semblable à une lèvre fendue. Bent-el-Rhass, interroge les cavaliers si tu ignores ses exploits. Ils te diront qu'IL est toujours monté sur un cheval rapide et couvert de cicatrices.

« Son fer perce les burnous : le héros n'a point d'abri contre sa lance.

« IL le laisse en pâture aux bêtes sauvages qui rongent ses belles mains, ses beaux bras.

« Lorsqu'IL met pied à terre pour achever un ennemi, les lèvres du mourant se relèvent sur les gencives. Mais ce n'est pas pour sourire.

« Sa lance s'allonge comme les cordes d'un puits pour s'enfoncer dans le poitrail des chevaux; sa jeunesse brille comme un bracelet sous les plis d'un haïk. »

Bent-el-Rhass écouta les chanteurs déclamer. Quand ils eurent déposé leurs instruments, elle répondit par les vers du poète :

« J'ai pour demeure Adya, une citadelle avec de l'eau, où je puise quand je veux. Ma forteresse est élevée; les aigles eux-mêmes n'y peuvent atteindre. Si une injustice me vise, je n'en souffre pas. »

Alors le Sultan Noir envoya deux vizirs au pied du rocher pour annoncer ses présents.

— Bent-el-Rhass ! notre maître a apporté pour toi mille douros dans un coffre. Il te le fera remettre par dix négresses d'une beauté parfaite, nées le même jour. Tu trouveras parmi ces présents innombrables des bracelets de bras et de pieds en argent ; deux pièces d'étoffe du Soudan de dix coudées, quatre haïks fins, des tapis et des pantoufles de Fâss, quarante guessâa de blé, vingt guessâa d'orge, six pots de beurre, des clous de girofle, du serghîna, du koheul et des parfums pour la toilette des femmes, enfermés dans une haïba en peau de lérouy, avec sa serrure.

Bent-el-Rhass répondit aux vizirs :

— Dites ceci à votre maître : la quenouille de mes femmes suffit à me vêtir ;

l'antimoine est aussi sombre dans ce pays-ci que dans le sien.

Les vizirs revinrent au camp, vers l'Achà, c'est-à-dire deux heures après le coucher du soleil. Le Sultan Noir avait donné l'ordre de préparer du couscoussou à la poule, au mouton et à la citrouille, des viandes rôties, des dattes et du lait frais pour mille bouches. Deux nègres tenaient par la bride, l'un à droite, l'autre à gauche, un mulet caparaçonné d'un tapis à franges qui devait ramener la fiancée.

Quand il connut la réponse de Bent-el-Rhass, le Sultan entra dans une grande colère. Il ordonna :

— Jetez dans la fontaine toutes les toisons des moutons que vous avez égorgés ; aveuglez la source avec du sable. Demain, l'eau manquera à la Reine des Gour, et peut-être le soleil attendrira son cœur.

Les nègres firent comme leur maître avait dit, et le lendemain, à l'aurore, quand les femmes de Bent-el-Rhass vinrent pour chercher de l'eau au puits, elles virent que la source ne sanglotait plus dans le sable.

Elles coururent conter à leur maîtresse la mauvaise nouvelle.

— Sûrement, c'est le Sultan Noir qui a tari la source.

En parlant, elles pleuraient.

Bent-el-Rhass dit :

— Celui que je hais ne me tient pas encore.

Et elle reprit son visage riant.

Une semaine s'écoula ainsi où chacun mesura sa soif. Un matin, les suivantes déclarèrent :

— Il n'y a plus d'eau que pour un jour.

Alors, sans s'émouvoir, Bent-el-Rhass commanda :

— Faites un tas de tous les haïks, de tous les burnous, de toutes les gandoura. Lavez-les avec cette eau qui vous reste. Étendez-les sur des cordes au grand soleil.

Les femmes crurent que la douleur avait troublé la raison de Bent-el-Rhass.

Elles murmurèrent :

— Maîtresse, voulez-vous nous répéter l'ordre que vous nous avez donné ?

Bent-el-Rhass lisait dans leurs cœurs. Elle répéta :

— Faites comme j'ai dit. Je vois plus loin que vous.

Les médecins du Sultan Noir lui

avaient promis la capitulation de Bent-el-Rhass pour le jour même. Il était monté à cheval avec l'aurore pour se porter au-devant de la reine.

Au soleil levant, il aperçut toutes ces étoffes blanches que le vent gonflait comme des voiles.

Il fit appeler ses médecins et demanda :

— Que vois-je donc là-haut ?

Les médecins répondirent :

— Ce sont sans doute des nuées blanches qui se reposent sur le sommet du Gara avant que de reprendre leur course.

Mais le Sultan Noir s'emporta dans une colère si terrible que tous ses cavaliers sentirent trembler leurs cœurs.

— Vous mentez ! Ce ne sont pas là des nuages : ce sont les haïks de Bent-el-Rhass. Elle les blanchit pour nous narguer. La reine boit là-haut à quelque source inconnue. Jamais nous ne la prendrons par la soif.

Le Sultan fit couper la tête à ceux qui

l'avaient trompé, puis il leva le siège pendant la nuit avec toute son armée.

Et Bent-el-Rhass vécut cent années arabes. Sur sa terrasse ou sous sa tente, elle aima des guerriers, blancs comme elle. Elle eut d'eux des fils en grand nombre qui tous furent valeureux.

Quand elle mourut, le kohl de ses yeux descendit sur ses dents, le souak qui rougissait ses gencives monta à ses yeux. Et par la volonté d'Allah, très juste, très bon, elle garda dans la mort une splendeur de beauté, terrible, — telle que les hommes n'en ont plus jamais vue.

... Nous laissons sur notre droite les Gour de Bent-el-Rhass et notre petite troupe s'engage dans le lit de l'oued Zergoun.

A l'heure qu'il est, outre nous deux, Européens, et nos trois guides, elle est composée d'un cuisinier arabe et de quatre chameliers à pied qui poussent les cinq bêtes de bât. Comme l'oued Zergoun fait de nombreux détours, il est convenu que nous ne suivrons pas son lit. On y rentrera seulement le soir pour dormir; le reste du temps, on coupera au plus court. On marchera, de jour avec le soleil, de nuit avec les étoiles.

Le Saharien est comme le marin : il va, les yeux levés sur le ciel. Son horizon étant sans nuages, il n'a jamais besoin de boussole. D'ailleurs, au bout d'une semaine de route, les montres s'arrêtent pour un choc, pour quelque grain de sable. On ne sait plus l'heure, ni la date du mois, ni même le nom du jour. Le temps ne compte pas. Et, dans l'absence de tout rapport avec d'autres hommes, on se laisse bercer dans le rythme des successions astrales, entre les levers de soleil et les levers de lune.

La chaleur et le bercement du méhari entretiennent cette somnolence de la pensée.

Il y a peu de monture sur qui l'on soit moins renseigné que sur le méhari. La raison en est simple : on ne trouverait pas dans le sud des trois provinces, vingt officiers ayant monté la bête pour un voyage de quelque durée.

Lorsque je vis pour la première fois nos méhara sur la place de Géryville, le matin du départ, je fus tout d'abord saisi d'admiration. Le chameau de bât, le djemel, qu'on rencontre dans toute la région du Nord, surprend nos yeux d'Européens par le cabossage de ses formes, et il faut quelque acclimatation pour s'habituer à son dos caricatural, à la prétention de son port de cou, à la gaucherie de toutes ses allures.

Le méhari s'impose du premier coup comme un animal noble. Il est aussi différent du djemel par la taille, les formes, toutes les proportions, qu'un cheval de course d'un cheval de fiacre. Un proverbe arabe dit « qu'il a les oreilles de la gazelle, l'encolure de l'autruche, le ventre du sloughi ». Sa tête est sèche, attachée à un cou si souple que, dans la colère et la révolte, il emprunte des ondulations de serpent. Les yeux à fleur de tête, très noirs, sont voilés de cils saillants, qui leur donnent une profondeur pensive. Le museau effilé n'est guère plus gros que celui d'un fort bélier. La bosse du djemel a fondu sur le dos du méhari, tandis que cette partie antérieure de la poitrine sur qui le poids de l'animal porte dans l'accroupissement, avance en éperon de navire. Des pieds étroits, des jambes sèches, un jarret musclé indiquent les soins donnés depuis des siècles à la reproduction de cette race. Encore aujourd'hui, au moment même de la naissance, on emmaillote avec une large ceinture les intestins du jeune méhari pour que leur paquet ne prenne point un développement trop volumineux. De là, l'évidement du ventre à l'âge adulte dans une forme de lévrier. Ces chameaux, remontés du pays touareg, sont tout blancs ou de robe fauve, avec des basanes blanches et des crinières de lions noirs.

Quand le cavalier s'approche d'eux, il

les trouve agenouillés sur les jambes de devant, accroupis sur les jambes de derrière. Le harnachement est à la mode touareg. La selle en bois, le *rahla*, se creuse comme une assiette ; le dossier monte en pointe jusqu'à la trois ou quatième vertèbre du cavalier. A la place du pommeau, une petite croix de même hauteur. On vous avertit tout d'abord de ne jamais toucher à cette pièce qu'on serait parfois tenté de saisir à pleines mains. Elle est supportée par un os de gazelle, fragile comme du cristal.

Pour monter en selle, tandis que le chamelier se tient à la tête du méhari et le rassure par la parole, il faut poser le pied sur l'encolure, et s'asseoir légèrement dans le creux de l'assiette avec la petite croix du pommeau dressée entre les cuisses. On installe alors ses pieds, placés l'un derrière l'autre, sur l'encolure même du chameau, et, saisissant les guides, on l'oblige à lever la tête, de façon à trouver un point d'appui un peu solide sur le cou.

Alors, le chamelier agite son bras : c'est le geste qui commande de se dresser. L'animal qui rugit presque aussi violemment que le lion, lève brusquement son train de derrière. Ce mouvement sans nuance lance en avant le cavalier inexpérimenté. Avant qu'on ait pu reprendre l'équilibre, un choc tout aussi robuste, vous rejette en arrière. C'est que le méhari vient de se lever sur les pieds de devant. Le troisième mouvement, le plus périlleux pour les novices, se produit encore une fois, d'arrière en avant quand le chameau se dresse sur ses jarrets. Dans cette secousse, on joue sur la selle le rôle d'une pierre dans une fronde. Il fait bon se cramponner, car on est alors porté par ces animaux gigantesques à deux mètres cinquante ou trois mètres du sol. Et les histoires sont fréquentes de cavaliers assoupis dans une marche de nuit, qui se sont tués en tombant de leur monture.

L'équitation du méhari est sûrement une vocation. Il y a des hommes de cheval qui n'entreront jamais dans les allures du chameau et qui resteront crispés à la selle. Il y en a d'autres avec qui les saccades s'assoupliront et qui finissent par obtenir de leur monture des airs de manège, du trot, du galop, du passage.

L'usage des pieds comme aides joue un rôle important dans la modération des allures. La principale difficulté demeure pourtant la position de la tête et le doigté des rênes. Elles s'attachent à un anneau de fer rivé dans la narine droite du méhari et passant de droite à gauche; elles viennent se réunir sur le garrot avec la longe du licou qui s'appuie de gauche à droite. Le plus léger mouvement sur la rêne de narine cause à l'animal une douleur très vive. Il cède, il prend sa droite ou sa gauche, et il avance. Il oblique, il modifie son allure. Le meilleur moyen de définir la légèreté de main, ici nécessaire, est peut-être cet axiome obscur : « Il faut tenir le méhari sans le tenir, tout en le tenant. »

On raconte dans le Tell que les méhara font en un jour dix fois la marche d'une caravane, soit cent lieues. Mais les meilleurs et les mieux dressés, du soleil à la nuit, ne vont pas au delà de trente à quarante lieues. Pour nous, notre entraînement n'a jamais dépassé quatre-vingts kilomètres par jour en deux étapes. Et après cette expérience, je suis tout à fait de l'avis du général Daumas qui dit dans son *Grand Désert :* « Si les méhara pouvaient courir cent lieues, pas un de ceux qui les montent ne résisterait à la fatigue de deux courses. » C'est, en effet, dans cette fatigue du cavalier que gît l'obstacle.

Ceux qui parlent du mal de mer dont on souffre sur les chameaux prouvent par là qu'ils n'y sont jamais montés, ou, tout au moins qu'on les a fait voyager en *bassour*, dans le palanquin des femmes. Un homme à califourchon sur sa selle, assez assoupli pour ne pas résister avec raideur, au léger tangage de l'amble que les mahara marchent même au pas, n'a rien à

redouter de leurs balancements. Mais dès
que l'animal prend le trop qui est son allure ordinaire, qu'il exécute, la jambe
tendue, sans jamais plier les genoux, la
souffrance est certainement assez vive
pour des Européens. Nos Chaamba se
soutenaient par deux ceintures très serrées ; l'une autour des reins et du ventre,
l'autre sous les aisselles. Pour avoir né-
gligé de les imiter, j'ai passé par une
courbature effroyable, car les poumons,
le foie, tous les organes, battent ici contre
les côtes. Cela produit une multitude de
points de côté qui vous font à la longue
une ceinture de douleur.

On n'en meurt point. La preuve, c'est
que huit jours après cette mésaventure,
je mettais mon méhari au galop. C'est la
grande épreuve : les foulées de la bête
atteignent vingt mètres. On a, en l'air
avant la secousse de la chute, la sensation
délicieuse du vol. Pour une fois, je man-
querai de modestie et je vous dirai que
nos Chaamba, très satisfaits de mon équi-

libre, m'ont loué dans des termes qui sont restés dans mon cœur.

— *Kif kif Touareg!*

(Tu montes comme un Touareg).

Un dernier préjugé dont il faut faire justice, c'est la fausse opinion qu'on nourrit de la robustesse des chameaux.

La vérité, c'est que les méhara, en leur qualité de bêtes de sang, ont le cœur mieux placé que les camarades. Si l'herbe est abondante, un peu gonflée de sève, ils passent les mois d'hiver sans boire. En automne, ils ne vont aux puits que deux fois dans le mois. L'été, même en voyage, ils se contentent de s'abreuver tous les cinq jours. Mais toutes ces fatigues se payent et se payent cher. Le méhari qui, sous un courrier, aura couru deux cents kilomètres d'affilée, se couchera pour ne plus se relever. Les nôtres, au bout de leurs douze cents kilomètres parcourus aux grandes allures et autant dire sans halte, sont venus tomber à Biskra, devant l'hôtel, à demi-morts. Nos guides ont réclamé leurs prix. Pendant la route, ils les avaient maintes fois saignés d'une façon tout ensemble primitive et cruelle : avec leur couteau poignard, ils fendaient la chair d'une estafilade qui ouvrait l'animal de la croupe à l'épaule, jusqu'aux côtes ; un bourrelet de crottin sec venait panser cette blessure quand elle avait abondamment coulé. Ou bien Brahim crevait une veine de son méhari en plein front. C'était un spectacle qu'il aimait à donner devant des étrangers pour prouver qu'en bon Chaambi, il n'avait par peur du sang.

Les méhara supportent ces incisions sans se plaindre. Ce courage physique fait d'eux des compagnons précieux pour la guerre. Tandis que le djemel blessé se répand en interminables beuglements, le méhari patient, courageux, ne trahit jamais sa douleur et ne dénonce pas aux ennemis le lieu de l'embuscade.

Honnête et sûr, malgré des révoltes passagères et des rages léonines, pour l'agenouillement et la montée en selle du cavalier, le méhari ne connaît point la peur. Nous sommes descendus avec les nôtres par des pentes de torrents où l'on ne se risquerait à pied qu'avec crainte sur les pierres roulantes.

Le méhari commet l'écart devant un seul obstacle : quand il rencontre sur la route le squelette d'un de ses frères.

D'ordinaire les ossements sont éparpillés sur une cinquantaine de mètres, dispersés par les chacals et les hyènes. Le soleil a tôt fait de consumer ce que les animaux avaient pu laisser de chair attachée aux os. La carcasse surgit de terre, à moitié ensablée ; c'est vraiment une épave, ce qui reste après le naufrage de ces « vaisseaux de la terre », *gouareb el berr*. Si, à ce moment-là, on relâche un peu la bride et qu'on laisse le méhari libre d'agir à sa guise, il vient flairer ces restes du compagnon défunt. Souvent même il prend un de ces ossements dans sa mâchoire. Et c'est un spectacle fréquent au désert, quand on croise un *ibel* (troupeau) de méhara, que de voir une bête portant ainsi, pendant des lieues, la relique du frère défunt.

A quel instinct cèdent alors ces grandes bêtes pensives? Il y a peut-être un paradis tout blond d'orge, tout verdissant de drîne, promis aux méhara marabouts qui honorent les défunts tombés sur la route des caravanes, dans le galop de la harka.

XI

La soif.

Tous les matins, pendant des jours, si pareils, qu'à cette distance d'une demi-année je ne les distingue plus, — pendant des jours, pendant des semaines, nous levons le camp en pleine nuit avec la lune.

Il est deux heures ou trois heures du matin. Dans le sommeil où nous sommes plongés, éclate le gémissement des chameaux qu'on charge. Les membres sont encore las de la course de la veille et l'on fait durer cette sensation de rêve, on tarde à ouvrir les yeux, jusqu'au moment où, soudain, la voix du guide prononce près de votre oreille :

— Mon lieutenant...

Cheikh est debout avec la tasse de thé ou la cafetière à la main. Il vous arrache vos brodequins, car on se chausse seulement pour dormir, afin d'être prêt à toute alerte et à cause des bêtes qui rampent ; pour le méhari, il ne supporterait point sur son cou le frottement d'un talon de bottines.

On s'étire. On se lève. Ce réveil est frileux ; bêtes et gens ont encore dans les jambes l'engourdissement du somme. Dans le ciel très haut, les étoiles ont disparu ; la lune est basse ; sa clarté si légère, que nous marchons presque sans ombres.

La lueur qui nous guide semble plutôt sortir de la terre ; c'est une vague blancheur qui se condense à la ligne d'horizon.

Dans quelques heures, le soleil surgira tout d'un coup. Brusquement, on passera de la nuit au jour. Ce pays sans nuances ne connaît ni les nacres de l'aurore, ni les embrasements du crépuscule. Tout d'un coup, le soleil rond et ardent s'élance dans le ciel comme un obus, comme un boulet rouge. Il est encore à ras de terre et déjà il brûle. Les guides accourent au galop; ils apportent les casques dont on se coiffe à la hâte.

C'est pourtant à cette minute que nous causons le plus volontiers, nos méhara, trottant à l'amble, côte à côte.

La distraction du matin, c'est, au passage des dunes, de déchiffrer sur le sol les empreintes de la nuit. Nous nommons maintenant toutes les bêtes qui ont laissé leurs traces sur cette page lisse : l'outarde la sème de fleurs de lys; la vipère à cornes y dessine un ruban qui serpente; le sautillement de la gerboise la perce de trous réguliers à l'emporte-pièce; les chacals, les porcs-épics, les gazelles tracent de grands « huit », des chiffres fantastiques qui, tout d'un coup, s'enfuient, vont se perdre dans la direction des broussailles ; — toute la vie du sable est écrite dans ces empreintes : guerre, chasse, amour.

Vers huit heures, la chaleur est déjà ardente. On commence à se hausser sur sa selle pour voir si l'on n'aperçoit pas, en relief, sur la plaine, la petite flaque d'ombre où l'on pourra s'asseoir. Ce plein soleil nous scelle la bouche comme font les profondes ténèbres. Et, pendant des lieues, notre pensée oisive reste suspendue au rythme de la petite cloche que nos montures balancent à leur cou.

C'est ici la minute splendide du jour que tous les peintres ont cherché à fixer sur leurs toiles et qui éternellement leur échappera.

On ne peut pas plus enfermer l'atmosphère et le soleil du Sahara dans un cadre qu'y contenir la mer. C'est l'air, l'air tout seul qu'il faudrait peindre ; le ciel est trop haut, la terre ne compte pas. Elle se creuse, elle s'abîme sous les pas de l'homme, comme un gouffre. Autour, au-dessus, l'espace est formidable et vide. Il y a des gens qui ne peuvent entrer dans les cathédrales à cause du vertige : ils voient les colonnes fléchir, les voûtes descendre sur eux. Une angoisse pire écrase l'homme au seuil du Sahara. Il succombe sous le poids de la colonne d'air qui pèse sur ses épaules.

Colonne d'air et colonne de feu. Dans les flots de ce fleuve de jour qui submerge toute vie, roule un globe incandescent. Il embrase l'atmosphère, comme un fer rouge brûle l'eau où on le plonge. Il est l'ennemi et le roi de ces solitudes, le sultan nomade qui ne tolère nulle création sur le passage de sa razzia. Après l'air et les nuages, il dévore la terre ; il chauffe ses pierres à blanc ; il les dissout en poussière impalpable. Sa splendeur hostile ne veut éclairer que la mort ; elle incendie les dunes comme une moisson.

Après qu'il s'est fait place nette, il recrée en illusions splendides les réalités qu'il a tuées. Sous le reflet de cette fournaise, le sol se colore de tons que l'aube n'a point mis dans le ciel. On croit marcher dans de l'aurore. Est-ce du rose? Est-ce du bleu? Le drine, les broussailles tordues qui, avant le lever du soleil, rampaient incolores et desséchées, se fleurissent de lilas. A leurs pieds, les mares de sable revêtent un éclat doux d'ors lavés. Aux lisières des tons où ces couleurs se fondent, s'épousent, ce sont des nacres saumonnées, si savoureuses, si voisines de la chair, que le palais, tous les sens, s'émeuvent avec les yeux. Le tremblement de la chaleur fait de toutes ces notes une seule vibration, une seule onde. Et l'on s'y plonge avec une volupté de désespoir, un vertige d'amour inassouvissable pour la couleur que nulle forme ne soutient.

..... Nous voyageons sans tente et c'est du hasard qu'on attend, chaque fois, l'ombre de la halte. D'abord, nous la trouvons au pied des *gour*. Ce sont des plateaux tabulaires de grès et d'argile rouge, taillés à pic comme des falaises, surgis du sol en masses carrées, et qui, de loin, semblent des silhouettes de villes fortifiées au-dessus d'une mer assoupie. Quand nous avons laissé cette région derrière nous, il faut s'en remettre à la grâce de Dieu. Nos guides connaissent toutes les petites taches d'ombre qui pendant l'ardeur du jour foncent la blancheur du sable. A Kert, c'est un bétoum, à Ogglat-ed-Debban, à Assi-el-Bahar, des pans de rochers, à Khobna, un gourbi élevé par des chameliers ; à Aïn-Goufafa, un trou taillé au sabre dans un fourré de palmiers ; ailleurs une touffe de drîne, un antre, jadis pratiqué par les fauves, une niche où des gazelles ont laissé leurs crottes musquées, et, dans le sable, leur vermine qui nous envahit.

Lorsqu'on touche à ces ports d'ombre, le soleil marque à peu près dix heures.

Les chameaux se couchent; et, impatients de dormir, nous préparons notre repas à la hâte.

Il a fallu abandonner toutes les conserves de viande. Le soleil les a touchées à travers leur cuirasse de fer-blanc. On ne trouve à l'ouverture que des graisses liquéfiées, où la viande tombe en miettes. Seuls, les légumes ont résisté à la chaleur : des petits pois, quelques asperges. Nous vivons exclusivement de lait que nous donnent des bergers rencontrés sur la route, autour des puits. Lait de chèvre, lait de chamelle. Il est presque toujours trait de la veille et suri dans les outres. De loin en loin, un coup de fusil heureux tue du gibier. Ainsi nous avons mangé plusieurs fois du gigot de gazelle. Avec cette chaleur, la chair se mortifie vite, la bête est mise en broche une heure après la mort. La saveur de la gazelle est très fine; elle flotte entre celles du mouton domestique et de la venaison. Une fois, le petit sloughi qui nous accompagne casse les reins d'un lièvre ; un autre jour, nos guides attrapent un de ces animaux à la course.

Quand la broussaille manque pour cuire ces aliments, nous posons notre bouilloire sur du crottin de chameau sec. Il brûle comme de la tourbe. Impossible de faire comprendre à Cheikh qu'il vaudrait peut-être mieux ne pas loger le sucre dans un sac où il ballotte pêle-mêle avec le vieux marc de café et nos souliers. A ce contact, sa blancheur se noircit comme du charbon ; quand on le fait fondre, il renvoie tout d'abord à la surface de nos tasses une couche de saletés inanalysables que nous écumons avec nos doigts. Ces quelques gorgées de café suffisent à nous soutenir, car l'appétit fait complètement défaut. Pour ma part, je suis resté jusqu'à trois jours de suite sans absorber aucun aliment solide. Nous trottions pendant ce temps-là à raison de douze ou treize heures de selle par jour, en deux étapes de chacune quarante kilomètres. Il n'y a que la privation prolongée de pain qui m'ait été pénible.

Le repas vite terminé, chacun s'étend dans un coin pour prendre un peu de repos. Il faut se hâter de dormir, car, à partir de midi, la chaleur devient si forte que le sommeil même est impossible. Une faiblesse glisse dans les membres, qui vous laisse affaissés pendant des heures, avec cette inquiétude qu'on a dans les poussées de fièvre, cette résignation de la chair à quelque chose qui évolue et dont il faut attendre patiemment la fin. D'un flanc sur l'autre, on se retourne sans trouver le repos. Malgré l'immobilité où l'on se tient, la sueur ruisselle sur le visage. Les quelques vêtements que l'on a conservés collent au corps, la toile même du lit de camp se mouille.

C'est que, lentement, depuis le matin, la chaleur monte, monte. A six heures, il y avait déjà près de quarante degrés au soleil; autour de midi, notre thermomètre en a marqué jusqu'à *cinquante-*

deux à l'ombre. A ce moment-là, au soleil, il ne faut toucher ni une pierre, ni une arme, ni une courroie; on serait cruellement brûlé. Il est impossible de poser le pied sur le sable; les chameaux eux-mêmes gémissent en y marchant.

Si on se soulève sur son lit et qu'on regarde la plaine, le spectacle est terrifiant. C'est fini de la musique de couleurs qui, le matin, ravissait les yeux. Les quelques lignes géométriques qui sont tout le dessin du paysage, le cercle d'horizon, les pans rectangulaires des gour, la fuite horizontale d'une dune, se sont effacées. La page est blanche, également blanche du haut en bas, de la marge de la terre à la marge du ciel. Non point du blanc neigeux des paysages d'Europe, mais d'un blanc fauve, le blanc roux des burnous sales, le blanc doré des marabouts, rechampis de chaux vive. Et toute cette blancheur tremble, ondule. Un voile de moire transparente est tendu du sol au ciel; à travers, le paysage apparaît immobile comme un panorama lunaire. Et le silence double l'effroi de cette splendide désolation.

Il ne faut guère songer à remonter en selle avant cinq heures pour la deuxième étape qui dure jusqu'aux environs de minuit. On se protège alors comme on peut des rayons du soleil oblique; les chameaux reposés allongent; on avance vite. C'est pourtant en ces fins de journée que j'ai senti le plus fort la mélancolie du désert, l'épouvante de son immobilité.

Voilà une semaine qu'on marche; on a encore des semaines de route à parcourir. Pourtant on a la sensation de demeurer le centre mobile d'un cercle qui se déplace. Le but marche avec vous du même pas; c'est l'espace sans repère, le tête-à-tête avec l'infini.

Vous autres habitants de villes, vous avez sous les yeux tant d'œuvres admirables de l'homme, que vous vous méprenez sur son rôle. Vous ne vous apercevez pas qu'il a substitué sa création à la création, son œuvre à la nature. Comme il est le centre, la fin de ce qu'il a créé, vous imaginez qu'il est la fin, le centre de ce qui est. Sortez du décor élevé par un effort industrieux. Mettez-vous en contact direct avec la nature. La secousse de désillusion est violente, la révolte fougueuse, avant l'heure où l'on comprend, — où l'on accepte d'être un grain de sable comme les autres, sous le ciel indifférent, — où l'on sent la vanité de son effort, l'inutilité de sa pensée et de sa vie. Ce n'est pas dans le Koran que tous ces hommes à face bronzée ont lu la résignation souveraine, c'est dans le sable. La leçon que donne ici le soleil est impérieuse ; peu de jours suffisent à l'apprendre, et elle s'achève dans un acte d'insondable humilité.

Quand on ne retirerait pas d'autre bénéfice d'une entrevue avec le désert, ce profit vaudrait le voyage. Ici on juge sa vie du dehors, on la voit dans la vraie lumière, et on se recueille. Lorsqu'est passéc la première angoisse de l'effort inutile en face des choses démesurées, il y a une réaction salutaire. Le cœur sursaute ; on perçoit un devoir nouveau qui n'a ni panache, ni récompense triomphale, un devoir qui n'isole pas l'individu de la foule pour des ovations personnelles, un devoir qui vous laisse dans le rang, ouvrier anonyme d'une œuvre commune, et qui tout seul vaut qu'on vive...

Si j'ai peu souci de la cuisine, la soif me tourmente bien fort.

Nous avons acheté à Géryville des guerbas neuves. Ce sont des peaux de boucs, encore vertes, soigneusement recousues. Extérieurement, l'aspect de la guerba est répugnant : couverte de poils, gonflée d'eau qui ballotte, elle semble un chien noyé et remonté à la surface d'une mare. Le premier mouvement est de s'écrier :

— Jamais je ne boirai à cette charogne !

Cependant, au bout de deux heures de route, on vient mendier un peu de cette eau tant dédaignée ; on la boit dans la tasse qui sert pour abreuver les chameaux. Elle est si terreuse que lorsqu'on la filtre entre le vase et les lèvres, à travers un pan de haïk, l'étoffe s'étoile d'une couche de boue. De plus, l'eau de guerba a un fort goût musqué, emprunté au cuir, qui ne cède pas à la cuisson, empoisonne le thé, le café, toutes les infusions. Au moment où elle vient d'être puisée, sa fraîcheur, qui saisit le palais, affaiblit un peu cette saveur écœurante. Mais quand il y a trois ou quatre jours que la provision d'eau ballotte sur le flanc d'un méhari, chauffée du matin au soir par le soleil, quand on vous la verse toute tiède, l'estomac proteste et se soulève. On a vite épuisé, dès le premier jour, tous les petits remèdes dont les gens qui boivent à leur souleur recommandent la pratique aux assoiffés : le caillou sur la langue, le bouton par les trous duquel on aspire l'air. Le plus sûr soulagement, c'est de prendre son mal en patience. Mais cette sagesse ne va pas jusqu'à chasser l'obsession. Malgré soi, on ne parle que de boissons fraîches, celles que l'on connaît, celles qu'on expérimentera. On y mêlera le champagne et le jus d'ananas ; surtout on y pilera de la glace. Oh ! beaucoup de glace !

Je ne conçois plus, pour ma part, que la question du « boire frais » ait tenu jusqu'ici si peu de place dans ma vie. Je me propose à mon retour en France de lui accorder toute l'attention qu'elle mérite. J'entourerai mes bouteilles de drap mouillé. Je vois ici, dans mon petit jardin de campagne, l'allée en courant d'air où j'exposerai mon vin sur une planchette. Et tout de même, je ferai balancer l'eau dans des seaux de toile, comme j'en ai vu la pratique à Aïn-Sefra, à Géryville, dans tous les postes où l'on nous a accueillis. Je suis surpris, presque honteux de constater que cette passion d'eau fraîche a tué en moi tout autre désir. Si les trois déesses comparaissaient devant mes yeux dans le costume du Jugement, je ne donnerais la pomme à aucune d'elles, je la croquerais à leur nez. Par cinquante-deux degrés de chaleur, l'amour est un luxe de repu; le baiser de Vénus ne vaut pas un verre d'eau.

D'ordinaire, la nuit est tout à fait tombée quand nous arrivons aux points d'eau. Cheikh et Brahim les aperçoivent de loin, les méhara avant eux. Ils ont une façon de renifler l'air, de balancer la tête qui trahit leur impatience. Soudain, dans un creux, on aperçoit deux petites colonnes faites de boue et de pierres accumulées. Une poutrelle unit leurs sommets, porte la corde et la poulie ; un chemin qui part du pied du puits en ligne perpendiculaire indique la profondeur de la nappe d'eau. Ce petit sentier a été battu par les pieds des chameaux, que, pour puiser, on attelle à la corde de la poulie. Souvent, la nappe d'eau a plusieurs ouvertures ; à

Aïn-Goufafa, j'en ai compté une dizaine ; autant de doubles colonnettes, autant d'abreuvoirs rudimentaires construits pour les bêtes de somme avec des pierres et de la boue. On y verse l'eau avec un seau de cuir, le *délou*, qui d'ordinaire appartient aux puits comme la corde. Presque toutes ces eaux sont salées, corrompues par des charognes et des décompositions de toutes sortes. Pourtant, au moment où le délou se renverse, où la gerbe d'eau se répand dans l'abreuvoir, il y a un mouvement irrésistible qui vous jette à genoux vers cette fraîcheur. Et je n'oublierai point cette nuit où, brûlé jusqu'au cœur, je n'ai pas eu la patience d'attendre mon tour, où je me suis étalé à plat ventre, pour boire dans l'empreinte des pieds de chameau. On venait de me conter l'histoire d'un homme que, dernièrement, on avait trouvé à cent mètres de ce puits, mort de soif. Il rampait sur la terre depuis une lieue. Si près du salut, il n'avait pas eu la force de pousser plus loin.

L'Arabe sait bien ce qu'il a voulu dire quand il a désigné l'eau par ce monosyllabe qui erre le premier sur la lèvre des nouveaux-nés, le dernier sur la lèvre des agonisants : *Ma*.

XII

Les sept villes du M'zab.

J'ai souvent rêvé dans mon enfance aux sept cités maudites sur qui tomba le feu du ciel. Il m'a semblé que je retrouvais leurs ruines lorsqu'au bout de la route de Metlili j'ai tout d'un coup découvert sur les bords de l'oued M'zab les sept villes des Beni : Ghardaïa, Melika,

Ben-Izguen, Bou-Noura, El Ateuf, Guerrara, Berryan.

A cent dix ou cent vingt kilomètres de Laghouat, la charpente rocheuse de la Barbarie se redresse tout d'un coup dans une immense région de plateaux. A l'ouest, ce relèvement montagneux s'arrête à El Loua, dans un escarpement, qui court, du nord au sud, sur plus de cent kilomètres. A Metlili, où nous descendons cette échelle, un pied après l'autre, devant nos chameaux, nous dominons encore de deux cents mètres le bas fond de l'oued Loua.

Cette région de vallées enchevêtrées comme des fils de tissage fait songer à une mer tout à coup pétrifiée. De là le nom caractéristique de *Chebka* (filet) par lequel les nomades sahariens la désignent.

Vers le centre de la Chebka, un cirque de roches luisantes s'ouvre du nord-ouest et au sud-est par deux tranchées qui laissent passer l'oued M'zab. Le silence plane sur cette cuvette aride. Pas un arbre, pas un oiseau; rien que des rochers gris sous un soleil implacable. Et pourtant, dans quelques plis de terrain, ce cirque renferme, en sept villes, une population de trente-cinq mille habitants.

Quand on arrive du côté de Metlili, c'est Ben-Izguen qui apparaît la première. Le ksar est bâti en amphithéâtre sur le rocher. Il s'appuie à un mur d'enceinte, en pierre, flanqué de créneaux et de bastions qu'un coup de canon ferait crouler, mais qui suffit à mettre Ben-Izguen à l'abri des nomades. Les maisons cubiques, tassées comme des alvéoles de ruche, étagent leurs terrasses jusqu'à la mosquée. Son minaret quadrangulaire domine l'amas des bâtisses. L'ensemble est gris, jaunâtre, triste avec la tache de quelques arcades blanchies à la chaux. Au pied de Ben-Izguen, des murs en torchis séparent quelques jardins. On y entend chanter les poulies de puits, où sont attelés des chameaux, des ânes et des nègres. Les pastèques y rampent à terre, à l'ombre d'un bouquet de palmier. Un cimetière les prolonge.

Sur chaque tombe sont enterrées, à mi-ventre, des poteries et des alcarazas. Presque tous ces vases sont crevés. Nos Chaamba seraient très disposés à jeter quelques pierres en passant. La vue de toutes ces fioles les fait rire à double rangée de dents blanches.

Aussi bien détestent-ils dans les M'zabites des musulmans schismatiques. Les Beni-M'zab appartiennent à la secte des Kharedjites, c'est-à-dire « ceux qui sont sortis de l'obéissance ».

Ce schisme date de loin : des guerres d'extermination qui, à la mort de Mahomet, dévastèrent le monde musulman. Les dissidents, vaincus par Ali, gendre du Prophète, se dispersèrent. C'est par ces réfugiés que les doctrines kharedjites furent prêchées aux populations berbères de l'Afrique septentrionale. Exaspérés de voir un peuple étranger s'établir sur leur sol, les Berbères musulmans accueillirent volontiers une foi religieuse qui leur permettait l'insurrection contre les conquérants.

Les M'zabites des sept villes sont les descendants de ces Berbères kharedjites.

En l'an 971, ils étaient venus s'établir en plein désert au sud-ouest de Ouargla, loin des persécutions religieuses et des luttes politiques. Leur prospérité parut menaçante à leurs voisins; on les chassa encore une fois. C'est alors qu'ils s'installèrent dans le Chebka, au lieu même qu'ils habitent aujourd'hui. Ce pays leur offrait toutes les conditions nécessaires à leur sécurité tant menacée, d'abord par son isolement absolu, puis par la ceinture d'aridité qui l'entoure.

Quand on vient de longer les murs de Ben-Izguen, c'est une surprise d'apercevoir, presque en même temps, l'une à droite, l'autre à gauche de l'oued, deux autres villes toutes pareilles : Melika et Ghardaïa. Entre les deux, isolé, plus haut que les minarets, se détache le fort français et son bordj.

L'importance stratégique et politique de Ghardaïa est considérable. C'est là qu'aboutissent toutes les affaires du Sud. Diplomatie cauteleuse et compliquée de sauvages retors, temporisateurs, pétris de dissimulation et de mensonge. Le colonel, commandant supérieur de Ghardaïa, est quotidiennement maître de la paix et de la guerre. Et l'on éprouve une joie patriotique à voir dans quelle main cette puissance est placée.

L'approche de Ghardaïa menage une suite d'étonnements : c'est d'abord la vue d'une tapissière à deux chevaux qui roule du pied du bordj à Ben-Izguen. Un service de voitures publiques dans cette solitude! A pareille distance de pays civilisé! On se souvient des espaces interminables qu'on vient de franchir, des dunes traversées, des escaliers de roc descendus, et l'on se demande par quel miracle cette guimbarde à quatre roues est arrivée jusque-là. C'est la préface des surprises. Plus loin on lit en grandes lettres, au fronton d'une bâtisse en rez-de-chaussée, qui longe la pépinière :

ÉCOLE DES ARTS ET MÉTIERS

Plus loin encore, un M'zabite a ouvert pour la troupe un cabaret avec cette enseigne :

Au rendez-vous des amis

S'il n'y avait pas tant de nègres, tant de burnous, tant de chameaux sur la grand'route, on se croirait dans la banlieue parisienne, au pied des fortifications.

... Le lendemain de notre arrivée est jour de marché. Nos hôtes profitent gracieusement de cette circonstance pour me faire visiter en détail deux des villes. Et tout d'abord la fameuse carriole nous conduit jusqu'à Ben-Izguen.

C'est la cité sainte, la mieux construite, la plus propre, la plus riche des villes du M'zab. Nul étranger ne peut y passer la nuit. On dit tout bas que la sévérité de morale de Ben-Izguen est toute pharisaïque. C'est proprement le sépulcre blanchi qui abrite la pourriture.

Le caïd est venu nous attendre à la porte de sa ville. Il nous conduit au sommet d'une tour en pierres et en pisé qui domine tout le paysage. Les planchers des étages sont formés de troncs de palmiers recouverts de béton. Cette tour a sa légende. Au temps des guerres anciennes, Ben-Izguen allait tomber au pouvoir d'une troupe ennemie, quant un saint personnage obtint fort à propos l'assistance du ciel. Des ouvriers invisibles édi-

fièrent la tour en une seule nuit. La ville lui dut son salut.

De la plate-forme de ce donjon, on a sur l'oued une vue admirable. Après avoir laissé traîner nos regards au loin, nous les ramenons sur la ville, à nos pieds, sur les terrasses des maisons. Sans doute, notre visite a été signalée, car elles sont désertes. Contre l'usage, pas une femme ne s'y montre. Celles qu'on rencontre dans les rues sont rigoureusement voilées. L'entre-bâillement de leur haïk découvre bien juste un seul œil. Encore beaucoup d'entre elles se détournent en nous apercevant pour faire face à la muraille.

C'est que le M'zabite ne plaisante point en matière de vertu féminine. La loi qui lui défend de se marier avec une étrangère ne permet point à la M'zabia qu'il a épousée de quitter la ville. L'infidélité conjugale est punie avec une extrême rigueur. La femme convaincue de péché est enfermée pendant trois mois dans une chambre dont on mure la porte. Par un trou pratiqué dans le toit, on jette tous les jours un morceau de galette et quelques dattes, — de quoi empêcher la prisonnière de mourir de faim.

En pratique, cette sévérité trouve dans la naïveté des maris m'zabites un correctif admirable : la coutume qui leur interdit d'emmener leurs femmes en voyage, ordonne en même temps de les laisser enceintes à la maison. Un bon M'zabite ne se met en route que lorsqu'il se croit en règle avec ce devoir. Il arrive pourtant que les enfants, en très grand nombre, naissent seize ou dix-huit mois après le départ du père. Ce retard n'étonne personne ; c'est une croyance respectée en pays musulman, même par les gens instruits, élevés dans nos écoles, que l'enfant peut dormir pendant des mois dans le sein de sa mère. Et ce ne sont point les femmes m'zabites qui chercheront à discréditer ce préjugé dans l'opinion de leurs maris.

Après la tour et le local de la Djemâa, c'est-à-dire de l'assemblée municipale, le caïd nous conduit dans sa propre maison. Selon la coutume du M'zab, il porte à la main la clef de son logis. Cet objet a au moins trente centimètres de longueur et pèse plusieurs kilogrammes. Il entre dans une serrure volumineuse adaptée à une porte très lourde, faite de troncs de palmiers grossièrement assemblés. La demeure, assez vaste et bien bâtie, n'a d'autre ouverture sur la ruelle que cette porte hermétiquement close. Toutes les pièces donnent sur la cour intérieure. Elles sont dépourvues de fenêtres et profondément obscures. Cette architecture est imposée par le climat : une maison doit avant tout mettre à l'abri du soleil et de la chaleur.

Dans les autres intérieurs que j'ai visités, je n'ai trouvé ni lit, ni table, ni chaises : des escabeaux en bois, des nattes en feuilles de palmier, des caissons informes, quelques djebiras pour caser l'argent et les papiers; dans un coin, le métier à tisser les burnous. Mais le caïd possède des chaises, des verres, quelques bibelots qui semblent avoir été gagnés aux tourniquets de la foire de Neuilly. Ils

sont entassés pêle-mêle avec des fers de chevaux suspendus, à titre de fétiches, et des armes touaregs.

Ce caïd est un homme fort intelligent. Il apprécie les bienfaits du protectorat français, il est dévoué au bureau arabe et, pour ce motif, suspect à ses administrés. Son libéralisme est tel qu'il nous laisse voir sa fille la face découverte.

Cette petite M'zabia approche de ses douze ans; elle est mûre pour le mariage. Ses cheveux noirs que l'on tressera le jour des noces en un inextricable écheveau, sont encore peignés à la mode des petites filles, c'est-à-dire retroussés à la chinoise avec deux grosses boucles ramenées en avant sur les tempes. Une sorte de fleur d'or dont la forme est d'une marguerite tremble sur cet édifice de cheveux. La fillette a de plus des boucles d'oreilles en corail et en or, des bracelets de main et de pied en or et en argent. Son visage, ses bras nus, ses jambes, son cou découvert, ce qu'on aperçoit de sa gorge fraîche éclose dans le bâillement de la pièce d'étoffe, posée sur ses épaules comme une étole, mal fermée sur les hanches par une ceinture à paillettes, est du ton délicat de la cire vierge. L'antimoine allonge soigneusement l'ombre des cils; quelques petites mouches de goudron posent sur le front et les joues; du moins l'enfant ne s'en est point enduit le bout du nez, selon une mode ici fort répandue. Et par là, la grâce charmante de son visage est respectée.

Un des fils du caïd est élève des Pères blancs, les prêtres du cardinal Lavigerie. Ils possèdent à Ghardaïa une salle d'école. L'œuvre est bien française et l'autorité militaire la voit d'un bon œil.

J'ai été saluer ces missionnaires chez eux et je suis sorti enchanté de ma visite. L'école était fermée, car, au Sahara comme chez nous, les chaleurs de juillet rendent la liberté aux écoliers. Pourtant, j'ai trouvé là le bon élève, le petit fort en thème, qui, même pendant le temps des congés, vient dire bonjour à ses maîtres et à ses livres. Il attachait son cheval à

la porte des pères au moment où j'entrais. C'était un enfant d'une dizaine d'années à face réfléchie. J'ai demandé à voir ses « cahiers de brouillon »; il me les a apportés lui-même. Et comme je n'en pouvais croire mes yeux, j'ai voulu lui dicter cette phrase :

« J'irai voir Paris quand je serai grand. »

L'écolier l'a écrite sans faute d'orthographe, en belles lettres allongées.

Alors, je lui ai demandé :

— Es-tu reconnaissant aux Pères blancs ? Qu'est-ce que la reconnaissance ?

— C'est l'amour pour ceux qui nous ont fait du bien.

Le petit M'zabite ne me récitait pas un modèle d'écriture. Il avait trouvé cette parole-là dans son cœur.

J'ai dit aux Pères :

— Vous devez être heureux...

Ils m'ont répondu :

— Nous serons heureux le jour où il nous sera permis d'élever l'âme de ces enfants après leur intelligence, de travailler pour le ciel, comme nous avons travaillé pour la France. A l'heure qu'il est, nous ne sommes que des maîtres d'école, qui ne mettons de prière ni au commencement de la classe, ni à la fin. Nous parlons de Dieu, nous ne nommons pas le Christ.

Et quand l'enfant fut parti, ils ont ajouté :

— Vous voyez ce petit-là : à présent il nous aime ; son esprit est plus ouvert que celui des enfants d'Europe, mais dans un an ou deux, son intelligence se nouera ; il appartiendra tout entier aux appétits qui commenceront de crier en lui ; il nous échappera tout à fait. Il faudra beaucoup de temps avant que les semences qu'on jette dans cette terre m'zabite germent et s'élèvent jusqu'au fruit.

Il m'a paru que les M'zabites qui fréquentent nos écoles ont surtout des dispositions pour les langues vivantes et pour le calcul. Tous parlent, outre leur idiome national, qui est proche parent du touareg, l'arabe et les patois berbères. Leurs livres de commerçants sont régulièrement tenus, à la française. Ils occupent la place d'honneur dans les boutiques, à côté des balances.

Le M'zab est le grand marché de tout l'extrême-Sud. C'est là qu'aboutissent, d'une part, les produits de l'industrie européenne ; de l'autre, les richesses du Sahara et du Soudan. Le Nord apporte des graines, des chevaux, des étoffes, de la poudre et des armes. Le Sud envoie des dattes, des laines tissées ou brutes, du henné, des dépouilles d'autruches, de l'ivoire, des peaux de félins, de la poudre d'or, surtout des esclaves noirs.

Le M'zabite est le banquier de tous les nomades du Sahara. Il les emploie comme simples commissionnaires ou comme entrepreneurs. Dans ce cas, il leur fait des avances d'argent et quand ils reviennent de course, il leur prend une partie de leurs marchandises pour se rembourser. Lui-même s'acquitte envers eux par des payements en nature : poudre, céréales, étoffes. Cette exploitation rapporte au M'zabite de gros inté-

rêts. Il traite pourtant son client nomade avec plus de ménagement que ne fait le juif algérien, usurier de l'Arabe. La crainte pourrait bien être le motif de cette modération. Le M'zabite est vulnérable par bien des points : ses troupeaux qui paissent dans la Chebka sont à la merci des mécontents; ses caravanes sillonnent le Sahara et, s'il se sent personnellement en sûreté, sous le feu de notre fort, il craint pour sa fortune qui voyage à dos de chameaux, à travers les sables.

A Ghardaïa et à Ben-Izguen, j'entre dans les bazars. Je passe derrière le comptoir du célèbre Ben-Titi; j'explore, de la cave au grenier, les établissements de ses confrères. A quelques détails près, c'est la boutique de notre mercier de village, où l'on débite, pêle-mêle, du calicot et de la chandelle, avec de la pommade et un peu de quincaillerie. Les M'zabites mettent en vente, dans leurs bazars, des cotonnades, de l'épicerie, de la vaisselle grossière, du fer fabriqué. Ils vendent de la garance achetée à Touggourt, du tabac du Souf, des burnous, des haïks fins du Djerid. Ils importent de Tunisie des ceintures rouges, des chechias, des turbans, des mouchoirs de soie et des cotonnades pour les femmes. J'ai constaté avec chagrin que tous ces objets, de fabrication européenne, étaient estampillés de marques anglaises. La métropole n'envoie presque rien par la route du M'zab à sa colonie du Sud.

Le marché de Ghardaïa est installé assez haut dans la ville, sur une grande place entourée de galeries. On étale à terre les graines, les charges de bois, les dattes, les laines, les tapis, les burnous, les haïks, le raisin et les pastèques, les tas de crottin de chameau séché pour le chauffage, les armes et les poteries du désert, entre les jambes des méhara et des ânes touaregs, splendides, hauts sur pattes, robés de gris, avec une croix très apparente, d'un beau noir, posée sur les épaules.

Autour de ces bêtes et de ces marchandises, une bousculade de gens vêtus de blanc. Le vêtement des M'zabites est d'une grande simplicité : il se compose d'une chemise en coton, sans manches, qui laisse le cou à découvert ; une pièce de laine unie entoure deux fois le corps, encadre le visage, une calotte rouge recouvre la tête. Les riches et les lettrés se distinguent par la blancheur éblouissante de leurs vêtements ; quelques-uns ajoutent à cette lingerie le luxe des chaussettes et des pantoufles en cuir de mouton. Ces chaussures jaunes sont, avec la calotte rouge, les robes en cotonnade bleue des petites filles et des négresses, les amulettes suspendues au cou des enfants et les gandoura des marmousets, les seules taches de couleur qui vibrent à travers l'essaim dense des mouches sur le fond poussiéreux du sol et des bâtisses.

Du haut du minaret de Ghardaïa, je contemple toute cette foule. Au delà des murs, dans le poudroiement de la grande voie qui suit l'oued, les caravanes s'effacent.

Je demande à l'officier qui me conduit:

— Où s'en retournent-elles?

Il me répond:

— Vous n'avez donc pas vu en arrivant, l'inscription accrochée à l'angle de la maison d'école?... *Route nationale n° 1, d'Alger à In-Salah.*

Et un soupir achève sa phrase, un geste qui veut dire:

— Quand donc cette route-là sera-t-elle achevée?

XIII

Rencontres de caravanes.

Bien que l'occupation du M'zab ait dérangé les opérations des nomades et que les caravanes soient moins exposées qu'autrefois aux surprises de la harka, on a conservé dans le Sahara des habitudes guerrières. Chacun met d'abord sa confiance dans ses armes.

L'été, les routes tout à fait désertes sont moins sûres que l'hiver. La vie commerciale cesse du mois de juin à la fin d'août. Les partis isolés que l'on rencontre ne peuvent guère donner des motifs avouables de leurs déplacements. Ce sont des rebelles, des gens qui ont fait un coup, tué un ennemi, razzié quelques chameaux et qui profitent de la solitude d'été pour se sauver avec leurs tentes. Ou encore on croise des contrebandiers qui viennent de franchir la frontière tunisienne en fraude, avec de la poudre, des armes, surtout du sucre.

Si large que soit le désert, il y a nécessité fatale qu'on se rencontre, car on ne choisit point sa route. Sous peine de mort par la soif, il faut marcher d'un puits à l'autre en coupant au plus court. Pour ce motif, les bergers et les honnêtes gens qui ont obligation de voyager pendant la chaleur, dressent leurs tentes très loin des puits.

C'est Cheikh et Brahim qui signalent

toujours l'approche de l'homme. On dirait qu'ils le flairent, car j'ai beau écarquiller les yeux, l'horizon est encore net pour moi. Aussitôt, on ralentit le pas, afin de laisser aux sokhrars et aux chameaux de bât qui suivent à quelques centaines de mètres le temps de rallier. On se déploie en éventail. On donne un coup d'œil aux fusils qui, toujours chargés, pendent aux selles. Bientôt des points noirs apparaissent au bas du ciel. La caravane grossit lentement, car elle-même n'avance qu'avec circonspection. A portée de tir, si décidément on est, de part et d'autre, d'honnêtes gens qui demandent la franchise de la route, on s'envoie des ambassadeurs. De chaque côté, un cavalier se détache. Les deux chameaux trottent l'un vers l'autre à la rencontre. Quand on est face à face, on s'interroge.

— Comment t'appelles-tu? D'où es-tu? Où vas-tu?

Après qu'on s'est reconnu ami, tout le

monde se rapproche. Seuls les chameaux porteurs de bassours, où les femmes voyagent cloîtrées, demeurent un peu à l'écart.

Chaque parti questionne l'autre sur la route parcourue. Les puits sont-ils encore bien éloignés, et dans quel état les a mis la sécheresse ? Les cavaliers qui ont la provision d'eau la plus abondante et la plus fraîche laissent généreusement boire à leurs outres. Puis on renouvelle les saluts et chacun pousse devant soi sans tourner la tête.

Après la première surprise, le charme de ces mœurs primitives s'impose. Nous vivons dans un monde où la lutte est tout aussi âpre qu'au désert; seuls, les moyens de bataille diffèrent, et les nôtres ont moins de franchise. La balle du Saharien vient en face, et la prompte justice du fusil en joue donne ici à l'homme, avec une jouissance de sécurité, la fierté de la vie individuelle.

Nous rencontrons autour des puits des

caravanes arrêtées pour laisser reposer leurs bêtes et renouveler leur provision d'eau. Nos Chaamba reconnaissent en eux des gens de leur tribu; la confiance naît tout de suite. Les hommes laissent leur campement sous la garde des esclaves qui font paître les chameaux et ils viennent s'accroupir autour de nous pendant les heures de la sieste.

Tout naturellement, nous les interrogeons sur le motif de leur voyage. Ils ne font pas de façon pour conter qu'ils désertent, qu'ils passent avec armes et bagages du côté des mécontents qui se groupent dans le Touat, au sud du Maroc, autour de quelques marabouts.

Un mot revient perpétuellement dans leurs discours. Ils le prononcent en français d'une langue amère : *corvée, corvée*. Il s'agit des journées de prestation que le règlement commande de fournir aux bureaux arabes. Il paraît que la dune menace à cette heure l'oasis de Ouargla. On a entrepris de la fixer d'après la méthode qui a donné de si heureux résultats à Aïn-Sefra. Mais c'est là un long travail. Il réclame des bras nombreux. Or, autant que j'ai pu les juger sur les gens de notre escorte, sur les nomades rencontrés en route, ces Chaamba sont des pillards invétérés. Peut-être serait-il juste de dire qu'ils aiment la bataille autant que le butin. Si nous avions l'occasion d'utiliser leurs forces guerrières contre les Touaregs ou tous autres de leurs voisins, ils seraient capables de nous servir avec fidélité. Mais si on veut leur mettre la pioche à la main, leur bonne volonté se tourne en mauvaise humeur et en haine. Ils n'ont ni le tempérament, ni les habitudes des Berbères ksouriens. Et peut-être s'expose-t-on à de graves déboires en voulant exiger d'eux les mêmes travaux.

Ces causeries se prolongent pendant les heures chaudes du jour, à l'ombre d'un rocher. Les Chaamba sont assis en cercle, leurs babouches ôtées. En devisant, d'un mouvement rapide, entre le pouce et l'index, ils font glisser les grains des chapelets. A leur tour, toute la besogne finie, les esclaves nègres viennent s'asseoir près des maîtres. Si bien qu'à la fin c'est autour de nous un vrai « meâd » de discoureurs qui ne s'interrompent que pour boire...

A Ogglat-ed-Debban, nous rencontrons un Abid des Oulad-Sidi-Cheikh à qui nous offrons le café. Ce personnage semble fort au courant de la politique du Sud et des menées indigènes. Lui-même dispose d'une certaine influence chez les Chaamba de Metlili. Il descend de ces esclaves que Sidi-Cheikh affranchit par son testament et auxquels il confia le soin de recueillir des offrandes religieuses.

Cet Abid nous raconte que depuis leur soumission Si-Ed-Dine, Si-Hamza et Si-Kaddour ont perdu une bonne part de leur influence ancienne sur les Chaamba, clients religieux des Oulad-Sidi-Cheikh.

Le vent souffle aujourd'hui du côté de Bou-Amama, celui qui fomenta contre nous l'insurrection de 1882.

Ce nom de Bou-Amama est sur les lèvres de tous les gens dont nous faisons rencontre, Chaamba en fuite ou contrebandiers. On nous apprend que le marabout a reconquis le prestige dont l'avait un instant dépouillé la défaite. A l'heure qu'il est une bonne partie des peuplades du Sahara et du Sud marocain acceptent son influence religieuse. On récolte pour lui des dîmes et des présents. On célèbre la généreuse hospitalité qu'il accorde dans sa zaouiya à tous les croyants qui le visitent.

Brahim, qui a été envoyé naguère comme courrier dans le Touat, est revenu entièrement conquis par les grandes façons du marabout. Il ne nous cache pas ses sentiments. Il prend ouvertement la défense de Bou-Amama. Il le fait sans colère avec la sérénité de la foi inébranlable :

— Non ! Bou-Amama n'est pas du tout l'homme que vous pensez...

Il lui décerne le titre de « mouley taham » (donneur de couscouss). Il n'hésiterait certes pas à le rejoindre si du jour au lendemain le marabout prêchait la guerre sainte. Et il est probable que nombre de Chaamba l'accompagneraient dans cette défection.

... Nos guides ne sont pas seulement fort attachés à leur religion, mais aussi abominablement superstitieux. Cette pusillanimité qui cohabite chez eux avec une éclatante bravoure s'explique sans peine. Ce sont les mêmes raisons psychologiques qui font du Saharien et du matelot des personnes inquiétées par le surnaturel. L'un comme l'autre, ils marchent dans le silence et dans le vide, en tête-à-tête avec leur seule rêverie. Leur cas est donc celui de tous les obsédés : une minute vient où leur idée s'objective, où ils voient se dresser devant eux le fantôme qu'eux-mêmes ont créé. Ajoutez que la nature, les éléments sont ici complices de ce vertige. Le mirage entretient les sens dans une énervante illusion. Otez donc de l'esprit de ces simples que c'est un bon génie qui leur fait voir de l'eau quand la soif les affole, qui leur montre des fraîcheurs d'oasis quand ils sont à bout de forces ! Et si Allah donne tant de puissance au mauvais ange, pour torturer les hommes, comment les cœurs ne trembleraient-ils pas dans les poitrines ?

Le soir, avant de se couvrir la tête avec son manteau pour dormir, Brahim, qui est dévot, crie bien haut dans l'ombre :

— Que l'Esprit malfaisant s'éloigne !

Et vraiment, nous avons eu sur la route plusieurs manifestations de son pouvoir occulte. En des nuits étouffantes de simoun couchés sur la dune, nous avons distinctement entendu sous la terre des pas rythmés de troupes en marche, des roulements de tambour, des galops de chevaux. Les Français qui ne croient à

rien prétendent que c'est le contre-coup des vagues de sable roulant au loin sous l'effort du vent. Mais les Chaamba savent bien que c'est la bataille souterraine des guerriers mort qui sont restés prisonniers de l'esprit du mal.

Souvent, l'âme de ces maudits jaillit du sol par une fissure Elle voltige dans l'air, sous l'apparence d'une flamme haute et flambante. Le chameau fait un écart et le cavalier pousse un cri d'épouvante.

— Zghoughen ! Zghoughen !

Les revenants !

Nous en rencontrons presque chaque jour de ces feux follets sautillants, sur la piste de caravanes, semée entre les puits d'ossements de chameaux, de mulets et d'hommes. Parfois, même, les revenants prennent les apparences de la vie. C'est qu'ils ont alors une mauvaise nouvelle à nous annoncer.

Une nuit, Cheikh, qui n'a pas la conscience tranquille et qui ne prie jamais, a été réveillé par un éclat de rire. Il s'est levé en sursaut et il a regardé autour de lui. Debout près d'un de nos méhara, il a vu distinctement une forme de femme au clair de lune. Le fantôme a ri encore une fois, puis a disparu. Deux jours plus tard, comme nous arrivions à Metlili, on est venu annoncer à un de nos sokhars, qui avait là sa tente dressée, qu'un de ses enfants était mort pendant son absence. On avait enterré le petit corps l'avant-veille.

J'ai moi-même entendu plusieurs fois de ces éclats de rire qui vous font retourner. Ils sont produits par le souffle du vent tombant sur une touffe de drîne sec. C'est un bruit strident et extraordinaire. Il n'a vraiment d'analogue pour l'oreille qu'un ricanement de méchanceté.

Mais quand le siroco ne souffle pas, quand il ne tourmente ni la dune, ni les nerfs des hommes, l'épouvante disparaît et une immense douceur descend du ciel sur les fronts.

Entre l'étape d'après-midi et l'étape d'aurore, de minuit à deux ou trois heures du matin, nous descendons de selle pour nous reposer. Comme nous n'avons pas emporté de tente, c'est le ciel que nous contemplons, étendus sur le dos.

Les levers et les couchers du soleil que j'ai vus sur la route ne m'ont point fait oublier les levers et les couchers de soleil de mon pays. Mais comment imaginer de chez nous la gloire de ces nuits sahariennes ? Sûrement, l'ivresse qu'elles donnent passent les mots ; seule la musique la pourrait traduire. On entend vraiment ici le chœur des étoiles, les harmonies des mondes.

Innombrables, larges et chaudes comme des soleils, ces étoiles fleurissent, une nuit tour à tour azurée ou couleur de perle, selon que l'on se rapproche ou qu'on est éloigné du jour. La voûte est si transparente que ces feux semblent y plonger par la racine en reflets. Et d'un bout de l'horizon à l'autre, la voie lactée jette sur ce fleuve de feux une arche de lumière.

Les yeux éblouis de fixer ces lueurs se ferment par degrés. On passe sans secousse de la veille consciente au sommeil où on les voit encore. Et quand les guides vous réveillent pour reprendre la route, le premier regard rencontre les constellations qui brillent toujours.

Oh! ces marches de nuit sous les étoiles! Les couples des cavaliers et des méhara ne forment plus dans les ténèbres de la terre qu'un seul fantôme, des silhouettes d'animaux fantastiques, sans épaisseur, promenés sur un écran clair. Le sloughi qui, tout le jour, marche dans l'ombre des chameaux, a l'air d'un squelette qui danse dans les flaques de lune. Le rythme des sonnailles, balancées dans un trot d'amble, accompagne la chanson mélancolique de la petite flûte. Les méhara, en garde contre la traîtrise des ombres, tâtent le sol de leur pied sûr et supportent l'injustice des coups de matraque en pleurant.

... C'est ainsi que le soir du 5 août, par la route de Zelfana, d'El Hobrat, d'Arad, après une terrible journée de soleil passée à Mellalah, au bord d'un puits empoisonné, sans autre abri qu'une touffe de drîne, nous arrivons par un escalier de sable au balcon de rochers qui domine Ouargla.

A nos pieds, sous le clair de lune, l'immense plaine s'étale comme un lac pâle où l'oasis masse des taches sombres, où le chott de sel reluit en plaque d'acier. A droite, c'est la route du pays touareg. De ce côté, un formidable piédestal de rochers, surgi du sable, semble attendre quelque statue démesurée.

Nous restons là à regarder dans le vide, un long temps, silencieux; puis Brahim, qui jamais n'est sorti du Sahara, désigne la plaine d'un geste d'enthousiasme et il s'écrie :

— Ouargla! Il n'y a rien de plus beau dans le monde !

Pour moi c'est le but de ma course dans

le Sud, le point extrême vers lequel je tendais, le pays que plus d'une fois j'ai craint de ne pas atteindre. La joie de nos Chaamba ne me fait pas sourire et je me souviens du cri de ces errants qui, un jour, du haut de la montagne biblique, aperçurent les palmiers de leur terre promise.

XIV

Ouargla.

« Ouargla, la sultane des oasis, surnommée l'Oasis aux sultans, » dit, M. le commandant Colonieu dans son voyage au Sahara.

La première faveur que nous accorde la Sultane, c'est l'aumône de l'eau. Comme le matin est trop éloigné pour que nous songions à pénétrer dans le ksar, nous faisons coucher les chameaux au bord des premiers jardins, et nous allons à la découverte d'un puits.

Qui n'a porté sur soi, pendant des semaines, la sueur et la poussière de cette canicule saharienne, étouffé pendant les nuits de simoun, plus brûlantes que les jours, ne peut imaginer la volupté du bain nocturne, dans un puits d'oasis avec le murmure de l'eau qui clapote autour des épaules, force les lèvres, inonde la bouche. On s'attarde dans cette ivresse de fraîcheur, nu sur le sable, avec la marque, autour de soi, des pas où un peu d'eau brille aux étoiles. Et l'aurore vous surprend dans cette langueur, avec un frisson qui fait relever vite, qui dissipe ces ombres nacrées, ce rêve de vie élyséenne où la seule notion d'existence et d'inaction enivre, dans un décor lunaire.

Le funèbre souvenir qui plane sur Ouargla, qui l'écrase, qui fait écrouler ses bordjs, ses marchés, ses maisons, ses rues, qui lui a laissé l'aspect d'une ville bombardée au lendemain du désastre, —

ce souvenir-là vous guette dès le rempart : on entre dans Ouargla par la porte Flatters. L'angle du mur tourné, une inscription nomme en lettres monumentales ceux qui moururent avec leur chef. C'est tout ce que la France a tenté pour venger ses serviteurs et son drapeau.

Le kasbah où loge le bureau arabe et où nous recevons une hospitalité cordiale est en ruines, comme le reste. Elle appartient aux scorpions et aux mouches. Le bureau a renoncé à lutter contre cette vétusté, à réparer ces lézardes. Sous l'action du temps, cette ville de boue s'effrite, se délaye. Les arcades, qui récemment encore attiraient des promeneurs aux abords du marché, sont crevées de place en place. Des dormeurs s'y étendent en travers du chemin public, dès le matin, avant la sieste. Ils savent bien que nul passant ne viendra les heurter du pied. Même silence d'abandon dans les ruelles tortueuses, par endroits si étroites que deux cavaliers ne peuvent y passer de

front. Le pas des chevaux sur la terre
battue n'y fait entre-bâiller aucune porte.
Les femmes d'ici ne sont pas curieuses,
les enfants n'ont pas d'effronterie. Tous
les bancs, tous les porches, tous les re-
traits d'ombre sont garnis de dormeurs
étendus, un pan de burnous rabattu sur
le visage. Ouargla sommeille derrière ses
portes closes, au seuil des mosquées,
sous les palmiers de l'oasis.

Ce soir, quand le soleil sera couché,
le passage des officiers qui vont au rendez-vous du cercle fera relever quelques-
uns de ces dormeurs dans un geste de
soumission vague et de salut. Ils se recou-
cheront derrière leurs maîtres. Même à
cette heure de la moghreb, où un frisson
de réveil devrait secouer la torpeur du
ksar, on pourra installer au milieu de la
plus large rue la table où les officiers font
servir les boissons fraîches. Le cafetier a
déjà dressé son lit dans le chemin. En
face, une porte bâille, sombre et louche.
De temps en temps, sur le seuil, des for-

mes de femmes paraissent. Elles semblent aussi ruinées que le toit qui les abrite. Et leurs yeux, leurs sourires blancs, brillent dans l'ombre, à travers le nuage des cigarettes, avec des cliquetis de bijoux, quand un spahi franchit le seuil de la demeure lépreuse, sous les yeux de ses chefs, le visage caché de honte dans un pli de manteau.

Le sourire d'Ouargla c'est sa Pépinière. Nous montons à cheval pour lui rendre visite. J'éprouve d'avance à songer que je vais enfin voir des cultures de chez nous, autant de joie que me procure parmi tous ces visages noir la rencontre d'une face de blanc. Le galop de nos bêtes sur la terre sèche fait fuir de tous côtés les lézards. Les chevaux vont vite. Ils flairent l'eau. Car c'est avec l'eau qu'on a fait ce miracle de légumes et d'arbrisseaux, poussant dans le sable, si près de l'aridité terrible d'une plaine de sel. Le puits artésien dont cette fécondité devait sortir était le premier creusé dans la contrée qui fit jaillir son eau plus haut que le sol. J'accours, pressé de le voir.

C'est comme une coupe d'eau qui s'élève au-dessus du bassin. La lumière s'y joue; elle retombe en volutes, en fuseaux de cristal, elle déborde le puits, elle se sauve, murmure dans les petits canaux tapissés de sable. Stupéfaits de voir pour la première fois un jet et une fuite d'eau, les bonnes gens du pays ont appelée cette source : Aïne-Maboula, la « fontaine folle », la fontaine en délire. Comment expliquer autrement cette prodigalité de grande dame qui veut tout d'abord éblouir ? Pour moi, à la vue de cette eau qui tremble entre deux minces bandelettes de gazon vert, mes regards se troublent. Je n'ai pas encore senti si fort combien j'étais loin de ceux que j'aime. « Aïn, » dit l'arabe et cela signifie indistinctement « œil » ou « fontaine ». De même notre langue populaire dit « aveugler une source ». Il y a au fond de cette eau courante des yeux très purs qui me regardent.

... Une autre curiosité du pays ce sont les Rhtass. Nous poussons nos chevaux de ce côté-là.

De loin, sous les palmiers de l'oasis, j'aperçois un groupe d'hommes nus accroupis en cercle. Exposés au soleil, ils ne portent pas de turbans sur leurs crânes entièrement rasés. Seule, la mèche y surgit par où l'ange les saisira à la fin des temps pour les enlever en paradis. Ces Chaamba sont-ils fils de négresses ou est-ce le soleil tout seul qui les a bronzés si fort? Je ne saurais le dire, mais, sûrement, ils sont aussi noirs que des Soudaniens. Notre approche ne dérange point leurs attitudes immobiles, presque hiératiques.

Ils ont les yeux fixés sur une flaque d'eau circulaire qui dort au ras du sol. Elle est trouble comme un baquet de lessive, épaissie par des détritus de végétaux, des dissolutions de racines. Sa stagnance ne reflète que le ciel, l'œil ne peut juger de sa profondeur. Sous l'ardent soleil, une odeur de fièvre pestilentielle s'en dégage, que rabat sur le sable le parasol des palmiers. Soudain, sous une poussée intérieure, cette immobilité d'eau s'émeut, s'anime, se déchire en cercles: une tête d'homme la crève, des épaules, un corps noir et ruisselant. Le plongeur tient sous son bras un petit « couffin » de roseau, plein d'une boue noire. Sa puantueur est si violente qu'on étouffe ses poumons et qu'on recule.

Les hommes qui, volontairement, se livrent à ces besognes mortelles sont considérés à juste titre par les Chaamba comme des personnages presque saints. Et aussi bien est-ce dans une pensée religieuse, pour acquérir des mérites aux yeux d'Allah, que s'est formée la confrérie des Rhtass. J'en ai vu parmi eux dont le crâne était surmonté d'une mèche grise, mais leur terrible métier et la respiration de tant de miasmes abrègent leur vie.

Dès que l'« œil » d'un puits est obstrué,

les Rhtass arrivent en groupes d'une douzaine. Ils apportent leurs « couffins » et des cordes. L'un des plongeurs se fait attacher sous les bras, il s'asseoit au bord du puits, les pieds dans l'eau, et, avant de descendre il emmagasine dans ses poumons une provision d'air. Il prend des respirations profondes ; ses côtes se creusent, sa poitrine se bombe. En même temps, il inonde sa tête pour éviter la congestion. Tout d'un coup, les oreilles bouchées avec de la cire, il glisse, il disparaît dans le puits.

J'ai vu des Rhtass qui demeuraient ainsi trois à quatre minutes sous l'eau, à une profondeur de cent trente pieds, sans avertir par une sonnerie de corde que l'air leur manquait. Remontés au jour, l'expression de leurs visages était l'égarement de la folie ; l'œil exorbité, sanglant, la poitrine battante.

... L'ardeur du soleil nous force de rentrer à la kasbah. J'y arrive au moment où le chef du bureau rend la justice. Il veut bien me permettre d'assister à son audience.

Singulièrement pittoresque, ce tribunal primitif avec ses cavaliers de Makhzen, remplaçant nos municipaux, et les allées et venues du garde champêtre d'Ouargla, un Chaambi en burnous blanc, ceint aux hanches du sabre traditionnel, décoré d'une plaque dorée qui, en caractères français et arabes, proclame son titre.

Pour les prévenus, ils n'ont l'air ni plus roués ni plus canailles que leurs camarades qui devisent accroupis à la porte des mosquées. Ces faces de sauvages sont illisibles pour moi. Le masque est façonné par les paroles, et l'expression d'un visage apprend peu de choses à celui qui n'entend pas le langage de l'homme observé.

D'abord, c'est tout un défilé de gens accusés de n'avoir pas fourni leurs journées de prestation. Il est bien malaisé de démêler la vérité à travers leurs explications volontairement confuses. Se sont-

ils, oui ou non, comme c'est leur droit, rachetés en argent de la corvée ? Et s'ils ont versé la somme entre les mains du caïd, ce fonctionnaire se l'est-il appropriée ? Puis il y a les gens qui campaient fort loin avec leurs tentes, au moment où on les a appelés pour fournir leur contingent de travail. Il peut arriver que ceux-là aient, hommes et chameaux, plus d'une semaine de route à parcourir pour venir se mettre à la disposition du bureau. Enfin, la faveur vénale ou l'inimitié du caïd, chargé des recensements qui servent de base à l'impôt, est une source perpétuelle de discussions et d'erreurs. Ces inconvénients administratifs ont peut-être une cause unique. On a eu tort d'appliquer à des nomades comme les Chaamba une législation calquée sur l'administration des ksour berbères.

Après les affaires, les passions.

Le garde champêtre introduit une jeune femme qui tient un nouveau-né dans ses bras, une dame âgée l'accompagne : c'est une voisine. Elles expliquent leurs griefs d'une façon assez confuse, debout contre le mur, reculant dans la brique comme pour s'y enfoncer, avec de petits gestes de pudeur qui leur couvrent le visage, déterminent des volte-face et encrassent déplorablement les cartes, les plans topographiques, suspendus derrière elles.

Au bout d'un bon quart d'heure d'interrogation, on arrive à résumer la plainte. La jeune femme déclare que, le matin, elle se trouvait sur sa terrasse où elle dort seule en l'absence de son mari. Tout à coup, elle entend du bruit dans la cour. Elle se jette dans l'escalier. Elle se trouve en face d'un homme qui s'enfuit, non sans emporter un burnous et deux tapis de prière. Elle nomme son voleur et la voisine appuie son témoignage.

Je remarque que le bureau arabe ne semble pas trop convaincu de la vérité de ces dépositions. Il insiste particulièrement pour connaître de quelle façon le voleur est entré dans la demeure.

— Es-tu bien sûre que tu ne lui as pas ouvert la porte?...

La jeune femme se jette le nez contre le mur et la vieille dame lève les bras au ciel. Cette matrone est prodigieusement distinguée. Elle accueille nos suppositions galantes avec une pudeur anglaise.

— Bon, dit le bureau arabe. Faites comparaître l'inculpé.

Il est certain que je ne me représentais pas don Juan avec ce nez cassé d'un coup de matraque, ce visage troué de petite vérole, cette mine de basse canaillerie. Mais qui connaîtra le sombre abîme qu'est le cœur d'une femme chaambi? Coupable ou non, l'homme au nez cassé se défend avec une rouerie de sauvage. Il feint de ne point comprendre les paroles de l'officier. Il tourne vers l'interprète des yeux effarés qui clignotent. Et quand on lui a répété la question, il reste béant, hébété; il considère le garde champêtre avec une grimace de supplication comique. Il n'entend que le patois chaambi. Il s'embusque là-dedans comme dans une broussaille. Il répond au garde champêtre qui traduit pour l'interprète, qui traduit pour l'officier, qui commente pour moi. Et ses réponses sont plaisamment évasives, doctement sentencieuses.

— Comment te trouvais-tu dans la rue à deux heures du matin ?

— L'homme vigilant se lève avant le soleil.

— Tu avais médité ton coup ?

— Le Koran blâme les voleurs.

— Que peux-tu opposer à l'accusation de ces femmes ?

— Dieu permet que le croyant soit éprouvé par la calomnie.

Et ainsi de suite pendant une heure, les deux femmes accusant, le doigt tendu, l'amateur de burnous tournant en cercle autour des points d'interrogation qui le gênent.

... Mettez en liberté ce menteur et, au coucher du soleil, vous aurez la stupéfaction de le trouver dans la cour de la mosquée, abîmé dans sa prière, répondant avec des lèvres pieuses à l'appel du muezzin.

Je monte dans le minaret pour assister à cette cérémonie. La mosquée est fort humble, bâtie avec de la boue ; son obs-

curité fait penser à une crypte mérovingienne. C'est un décor de Jean-Paul Laurens, avec de la grisaille dans les architectures en place du sang des briques.

Le minaret ne compte guère plus d'une cinquantaine de marches. C'est assez pour dominer, et de haut, toute la ville.

Jamais elle ne m'a paru si minable, si ruinée, si triste, malgré la mer de palmiers qui monte autour d'elle. Dans les cours intérieures, j'aperçois les femmes vêtues du bleu luisant des serges, qui préparent le couscouss sur des feux clairs, ou, au sommet des terrasses, dressent les lits d'osier à l'abri des scorpions, sous les étoiles. De ci, de là, un âne, qui vit pêle-mêle avec la famille, brait ou combat contre les enfants. Des chèvres noires, qui ont escaladé la ruine des murailles, bondissent d'une maison à l'autre pardessus les ruelles et le vide. Des taches fauves de burnous sont en marche dans l'oasis, sous les palmiers. Le soleil baisse du côté du désert; les premières étoiles commencent à se refléter dans le chebka.

Dans mon dos, une voix éclate, formidable. Je me retourne : c'est le muezzin. Je n'ai pas entendu ses pieds nus sur les marches. Quatre fois, vers les points cardinaux, il lance son appel rauque. En bas, un murmure lui répond, frais comme le crépuscule qui plane dans la cour de la mosquée. En plusieurs rangs, sur la terre, des formes blanches ondulent. Les saccades de voix de l'homme sacré règlent les prosternements, les génuflexions.

... On voudrait une part de cette prière sans athées, qui descend sur l'islam avec les ombres du soir.

XV

Les tribulations d'un Moqaddem.

Je rapporte dans ma malle un petit drapeau de papier tricolore. Il surmontait un château de nougat que les officiers de Ouargla nous ont fait servir sur la terrasse du bordj, dans un festin d'adieu. Au retour, je pourrai le planter sur ma carte. Il marquera le point où la ligne rouge de notre promenade dans le Sud fait un coude et bifurque tout droit vers le Nord, par Ngoussa, El Hadjira, Blidet-Ameur, Temacin, Touggourt, l'oued Rirh, jusqu'à Biskra, jusqu'à la mer, jusqu'à la France.

Nos deux guides chaamba nous font toujours escorte ; mais c'est maintenant un nègre du Makhzen de Ouargla qui guide. Comme mon méhari est fourbu et qu'il ne peut plus soutenir le trot, je me lève le matin, avant mes campagnons, sur le coup de deux heures et je prends l'avance en compagnie de Cheikh.

Notre arrivée à Blidet-Ameur est marquée par un petit incident qui mérite d'être noté.

D'El Hadjira à Blidet-Ameur, l'étape est longue. J'entre dans l'oasis, en plein soleil, après sept heures de selle. Cheikh qui n'est jamais remonté jusque-là se fait indiquer la place publique. Nous y trouvons un banc à l'ombre où toute une société de burnous est assise. Nous faisons coucher nos chameaux et Cheikh s'approche des causeurs. Je comprends qu'il dit d'où nous venons, qui nous sommes, qui je précède. D'ailleurs, le titre de cavalier de Makhzen dont Cheikh se réclame suffit à indiquer que nous voyageons sous le patronage de l'autorité.

Cependant personne ne se détache du groupe, selon l'usage, pour m'apporter à boire. Même on me laisse debout. Le rassemblement s'est grossi d'oisifs ; les figures, qui ne ricanent pas, sont hostiles.

A la demande :

— Où est la maison des hôtes? on a répondu en nous montrant par dérision un espace de terre couvert de matériaux en démolition et inondé de soleil.

Quand on a dans les reins sept heures de chameau et que la soif vous tenaille, la patience est courte.

Je demande à Cheikh :

— Où est le caïd?

Il me désigne sur le banc d'ombre un personnage dont le burnous est plus blanc que ceux de la foule. Je m'avance vers cet homme et je lui mets la main à l'épaule. Je le bouscule pour me faire une place. Il me regarde; son visage se gonfle, mais il cède. Et je recueille tout de suite le bénéfice de ce mouvement de décision sous la forme d'un éventail qu'un adversaire politique du caïd m'apporte avec une nuance de respect.

Évidemment le caïd est inquiet. Mais son amour-propre lui défend de céder la place, et, une grande heure durant, nous restons assis, à côté l'un de l'autre, au milieu des gesticulations de l'entourage. Enfin, deux méhara débouchent sur la place; c'est mon compagnon et son guide. Du premier coup d'œil, ils jugent l'accueil qu'on nous a fait.

— Fils de négresse! s'écrie Brahim, qui, en bon Chaambi déteste ces gens de Temacin, métissés de sang noir.

Le caïd riposterait volontiers à l'injure, mais, s'il est plein de dédain pour les civils, les galons d'officier lui font peur. Et il s'éloigne sous le bâton levé sur sa tête, pour aller nous choisir une place d'ombre dans les jardins de l'oasis.

J'ai eu par la suite l'explication de ce singulier accueil et de cette réponse du caïd à nos cavaliers :

— L'officier dont vous me parlez commande à Ouargla ; moi je suis le maître ici.

Depuis El Hadjira jusqu'à Temacin, le pays est constitué en une sorte de fief ecclésiastique, apanage d'une confrérie musulmane, les Tidjaniya.

L'ordre est répandu à Fez, au Maroc, au Sénégal. A la fin du XVIIIe siècle, il avait son siège tout près de Laghouat, à Aïn-Mahdi. C'est là que réside le petit-fils du fondateur Sidi-Ahmet, et sa femme, fille d'un gendarme français, que Sidi-Ahmet épousa à Bordeaux après son insurrection, pendant une période d'internement. Comme ses voisins les Oulad-Sidi-Cheikh, le chef de la confrérie des Tidjaniya, ne songe nullement à édifier les croyants par ses vertus privées. Et la chronique algérienne assure que la fille du gendarme bordelais n'est traitée par son époux qu'en sultane favorite.

Si Mohamed-el-Aïd et Si Maamar, les chefs actuels de la zaouiya tidjaniyenne de Temacin, montrent plus de décence extérieure dans leur conduite. Ils sont sensés n'exercer sur le pays qu'un pouvoir spirituel, mais le caïd est de leurs parents et, par là, l'autorité administrative vient dans leurs mains. En bons diplomates, ils lâchent la bride à leur clientèle religieuse; ils tolèrent son insolence, afin de se faire pardonner leur propre politesse envers les conquérants.

Les ménagements un peu imprudents dont les Tidjaniya sont l'objet de notre part ont d'anciennes excuses. Comme ils étaient en forts mauvais termes avec Abd-el-Kader, ils nous ont rendu à l'époque de la conquête des services politiques; de même pendant la guerre de 1871, plus récemment lors de l'occupation de la Tunisie. Enfin ce sont encore eux qui se mirent autrefois à la disposition de M. Duveyrier, qui lui donnèrent le chapelet de leur ordre pour faciliter sa route périlleuse et permirent ainsi au savant voyageur de prolonger son séjour parmi les Touaregs du Nord.

Tels sont les souvenirs dont la zaouiya se réclame pour demander le maintien de son privilège. D'autre part, si les Tidjianiya de Temacin semblent bien disposés pour nous, leurs confrères du Sénégal sont nos ennemis déclarés et, si le couvent de Temacin a autrefois préparé l'exploration de M. Duveyrier, on ne saurait oublier qu'il fournit également des guides au colonel Flatters.

... On se souvient que l'expédition avait été organisée par un comité de personnes singulièrement honorables, diversement compétentes, mais qui, par malheur, étaient mal au courant des mœurs de la rouerie musulmane. Elles décidèrent de de s'ouvrir la route sous le patronage exclusif des « grandes influences religieuses ». Pour insister sur le caractère pacifique de la mission, on avait poussé le scrupule jusqu'à faire endosser des vêtements civils aux officiers qui y prenaient part.

En arrivant à Temacin, le colonel Flatters demanda des lettres de recommandation et un moqaddem (*alias :* un vicaire) qui l'accompagnerait jusqu'au bout. En échange de ce service, le colonel versait tout de suite au couvent une somme de 3,000 francs; il en promettait 2,000 autres à son retour.

Le moqaddem que Temacin envoya se nommait Abd-el-Kader-Ben-Merad. C'était un petit homme grêlé, très maigre, très pâle et parfaitement déguenillé. Quand, sur l'ordre du colonel, on lui demanda ce qu'il exigeait pour son service, il répondit avec des gestes pieux :

— Je ne veux rien... rien que prier en paix...

Jusqu'à Ouargla, la ferveur de sa dévotion ne se démentit pas un seul jour.

Il semblait indifférent à tout ce qui n'était pas ses génuflexions, ses prosternements et ses psalmodies. Mais, à partir de Ouargla, c'était le désert qui commençait ; et le moqaddem, se découvrant soudain, le goût du confortable, envoya faire ses emplettes aux frais de la mission. Quand on se mit en route, Ben-Merad possédait un tapis de prière, un burnous neuf, des haïks de soie, un méhari, six chameaux de bât pour ses provisions, enfin, une tente pour lui tout seul, alors que les officiers habitaient deux à deux. La piété du moqaddem ne semblait pourtant pas s'être ralentie ; il ne sortait pas de sa tente. On l'y croyait absorbé dans ses prières.

Sur ces entrefaites, on constata que le rhum de la « popote » diminuait avec une rapidité inquiétante ; une surveillance fut organisée, et, le soir, par un trou de la tente, on aperçut le moqaddem qui se grisait abominablement en compagnie du cuisinier de la mission, un certain Abd-Allah, que l'on avait pris à Biskra, en passant dans un hôtel.

En dehors de ces libations, le moqaddem ne rendit aucun service. Quand on fut sur la route du retour, il avoua qu'il n'osait point retourner seul avec les Chaamba. Il était mal avec eux et craignait qu'on ne lui coupât la tête en chemin. Il accompagna donc le colonel jusqu'à Laghouat et il reçut les 2,000 francs promis à la zaouiya, plus les cadeaux personnels.

Quelques jours plus tard, on apprenait que le moqaddem venait de se faire arrêter à Bou-Saada, à la suite d'une partie par trop bruyante avec des danseuses Oulad-Naïl. Le scandale avait été si vif que, malgré son caractère religieux, Ben-Merad fut expulsé de la ville. Il lui restait encore quelque argent en poche et il s'empressa d'aller continuer à Biskra sa fête interrompue.

Dans cette dernière ville, les amis ne lui manquaient pas, car il avait longtemps fait partie du makhzen en qualité de cavalier. Il était en rupture de ban quand les Tidjianiya l'avaient ramassé à Touggourt, dans quelque café maure, et l'avaient moqaddemmisé pour se moquer de nous.

Abd-el-Kader-ben-Merad s'amusa si bruyamment à Biskra avec l'argent du colonel qu'il se fit expulser une seconde fois.

L'odyssée de ce farceur mérite d'être contée jusqu'au bout. Elle est merveilleusement caractéristique de la vie que mènent dans le Sud les gens madrés et remuants.

Comme il n'osait rentrer sans argent à Temacin, Ben-Merad passa la frontière. Au moment de la guerre de Tunisie, on le retrouve à Tozeur. Il est redevenu cavalier de Makhzen : très actif, très brave, très homme de poudre, prêt à tous les rôles, il se révèle aussi vaillant soldat qu'il avait été édifiant moqaddem. Un jour, dans une revue, on lui trouva deux médailles militaires sur la poitrine.

— Mon général, demanda-t-il, ne pourriez-vous pas me changer cela pour la Légion d'honneur?

Vérification faite, Ben-Merad avait été, en effet, médaillé deux fois par erreur. Peut-être sa bravoure allait lui valoir le ruban rouge, lorsqu'il disparut brusquement à la suite d'une histoire fâcheuse.

La dernière fois qu'il a fait parler de lui, il était rentré dans la province de Constantine, à El Oued; il y avait mérité la considération générale quand brusquement il sombra, encore une fois, dans une affaire louche. Depuis, sa trace est perdue.

L'aveuglement du colonel Flatters ne fut pas moins extraordinaire que l'audace de cet aventurier. Les fredaines de son moqaddem ne découragèrent pas le colonel de s'adresser encore à Temacin pour sa seconde expédition. Cette fois, on lui donna un aide de cuisine nègre, brave homme, convaincu, sans influence aucune, et que les Touaregs ne se firent pas faute d'égorger avec ses compagnons.

La zaouiya était prudente en n'exposant pas les siens; son influence est toute locale. Les principes libéraux qui sont la base de sa doctrine, ne peuvent entrer dans l'esprit populaire. N'admet-elle pas que « le droit suit le droit », que « tout ce qui existe est aimé de Dieu », que « l'infidèle (kafer) est compris dans cet amour aussi bien que le croyant » ? Ce n'est évidemment ni à la Mecque, ni auprès des clients de Bou-Amama, ni en pays touareg qu'une pareille doctrine a chance de s'épanouir. Et je connais des politiciens sans entrailles qui considèrent comme un anachronisme les ménagements accordés à la zaouiya en échange d'une influence libérale qu'elle n'exerce que de nom.

... Le siroco nous a souvent fait cortège des journées, des nuits entières, exaspérant nos nerfs, obstacle à tout repos. Mais, nulle part, nous n'avons essuyé de tempête pareille au coup de simoun qui nous guettait à la sortie de Blidet-Ameur.

A cinq heures du soir, au moment même où nous quittions l'oasis, les premiers éclairs commençaient de rayer le ciel. En toute autre circonstance nous serions descendus de selle pour attendre la fin de l'ouragan, mais la réception qu'on nous a faite ce matin nous oblige à montrer de la crânerie. Et nous opérons une belle sortie sous les yeux de la population.

Déjà le vent est si fort que nos vêtements de toile battent sur nous avec des flottements de drapeaux. Sur le fond de ce soleil couchant, la dune fume comme un incendie; le ciel est couleur d'orange pâle, les éclairs y sont d'une longueur démesurée et de formes bizarres, en zigzags, en tire-bouchons, avec des ricochets d'une fantaisie imprévue. Et le tonnerre roule entre chaque apparition de lumière, si formidable, qu'on ne s'entend plus crier. Puis le sable qui vole dans l'air nous enveloppe comme d'une nuit. Il entre dans nos yeux, dans nos bouches, dans nos oreilles, dans les naseaux de nos bêtes. Les méhara n'avancent plus. On dirait des barques qui ont vent debout et qui tanguent. Ce vent qui nous assaille, qui nous soufflette des pieds à la tête, est brûlant. On ne sait si c'est sa chaleur ou la brutalité de son choc qui suspend le jeu des poumons, et, par intermittences, étouffe. Il ne souffle point de façon continue, il a des respirations larges de flux et de reflux. Il fait songer à un four dont la gueule vous jetterait, par bouffées, l'âme en fusion des métaux.

Dans les ombres de la nuit qui vient et qui ajoute au tragique de cette tempête, nous distinguons vaguement les premiers palmiers de Temacin. On ne peut s'y arrêter pourtant et chercher un abri dans les jardins, car une chebka les longe avec des stagnances d'eau morte sur qui plane l'accès de fièvre pernicieux. Ceux qui s'endormiraient là auraient chance de ne point se relever. Nous marchons donc jusqu'à la pleine nuit. Et comme Allah aime les pauvres infidèles aussi bien que les autres, il juge notre épreuve suffisante, il arrête le vol des colonnes de sable, il renchaîne le vent. Les chameaux se laissent tomber à terre, ils allongent leur museau sur le sol. On fait bouillir un peu d'eau pour le thé, on déploie les couvertures à la hâte.

La nuit est sans étoiles, sans lune. Dans le lointain, le simoun halette encore. Mais sa force est finie; c'est comme ce petit sanglot hoquetant par où s'achève dans les ménageries, le rugissement des lions encagés. Entre les silences de sa rage mourante, un murmure de voix s'élève. C'est la zaouiya de Temacin qui psalmodie l'office de ténèbres, tout près de nous, sous ses coupoles.

XVI

L'Oued-Rirh à vol d'oiseau.

Un grand bordj vide où il ne reste plus qu'un médecin soigné d'insolation par un de ses confrères de Biskra, appelé à la hâte; des chambres d'officiers monumentales, sans meubles, abandonnées par leurs propriétaires qui sont en France, à prendre les eaux; une immense place de marché, bordée, en face du bordj, par des maisonnettes en boue, avec une galerie sous laquelle s'abritent des boutiques ; une centaine d'oisifs bourdonnant dans ce grand vide autour d'un couffin de légumes ou d'un sloughi qu'on vend ; quelques chevaux que des spahis mènent au pas, trébuchants, la jambe de devant attachée à la jambe de derrière avec une longe, pour les dresser à l'allure de l'amble ; des galopades de bourriquots montés par des gens coiffés de calottes rouges et vêtus de blancs ; — voilà, dans le cadre d'une forêt de palmiers, les impressions premières de notre arrivée à Touggourt, par le chemin de Temacin.

Comme l'impatience nous tient d'atteindre Biskra, nous ne passons qu'une nuit au bordj. La journée tout entière est employée à chercher des moyens de rafraîchissement. La chaleur d'ici, toute chargée d'eau, est plus amollissante que la brûlure sèche du Sahara. On nous dit que le thermomètre est monté, au commencement d'août, jusqu'à cinquante-quatre degrés. Le docteur qui nous reçoit, encore tout pâle et vacillant sur ses jambes, a pris l'insolation dont il a manqué mourir pour avoir traversé la place du bordj, dans le coup de soleil de deux heures, avec son casque, sans son ombrelle. Quand on a voulu mettre en marche l'appareil à glace pour rafraîchir la tête du malade, on s'est aperçu que la machine était brisée. Dans tous ces postes du Sud, il en va de même. Nous avons bu de la glace une seule fois, à Géryville; encore l'avait-on fabriquée à l'hôpital, comme un remède.

Dans cette souffrance de vie quotidienne, nos officiers sont tout à fait dignes d'admiration. Tantôt ils habitent de vieilles kasbahs en ruines où les scorpions sont si nombreux qu'on en trouve le soir dans les lits, et qu'il faut garder des volailles avec soi pour s'en défendre. Tantôt le génie leur construit des bordjs, comme à Ouargla, comme à Touggourt, que le climat rend inhabitables. Ces constructions administratives sont édifiées d'après des plans immuables, archaïques, qui feraient bonne figure à Lille. Les fenêtres sont spacieuses pour que le soleil y pénètre plus facilement. Il y a des cheminées en marbre dans les chambres, des glaces au-dessus des cheminées ; mais pas une armoire, pas un porte-manteau, pas une pièce de mobilier. On laisse à un officier de Ouargla le soin de se meubler comme s'il tenait garnison à Vincennes. Or le transport par chameau est infiniment coûteux ; la maigre « indemnité de soleil » ne suffit pas à couvrir de si lourdes dépenses. J'ai vu des officiers qui couchaient sans un bois de lit, à terre, avec leurs vêtements suspendus à la muraille.

La question du vivre ne laisse pas moins à désirer. On pourrait trouver dans les archives de la guerre le rapport qu'un médecin militaire de Ouargla écrivit de son lit de mort voilà quelques années. « Je n'ai connu ici, disait-il, que M. X... qui ait pu supporter notre climat pendant plus d'une année, parce que sa fortune personnelle lui permettait de boire exclusivement de l'eau de Vichy. »

L'usage des eaux minérales, c'est làbas une question de santé ou de maladie, à la longue de vie ou de mort. Il n'y a pas de meilleur moyen de lutter contre les congestions du foie qui obligent tant d'officiers à demander leur rappel après quelque mois de séjour. Ces eaux si précieuses appartiennent à l'Etat. Il aurait sans doute le devoir de les fournir, sinon gratuitement, au moins à bon compte à ses officiers. Cependant ce commerce est abandonné à des intermédiaires, si bien qu'une bouteille d'eau de Vichy ne coûte pas moins de deux francs à Ouargla. Autant dire qu'un officier vivant de sa solde ne peut en boire.

... La fatigue de mon méhari, qui marche depuis Géryville, donne à craindre à nos guides que le cavalier et la bête ne restent en route. On me parle d'achever la montée de l'oued Rirh dans la voiture de la poste, et je vais m'entendre avec son conducteur.

Il ne faudrait pas que ce mot de « voiture » égarât les imaginations et qu'il donnât des visions de civilisation raffinée. Le véhicule du postier de Touggourt ne ressemble aux véritables voitures que de nom. Ce sont deux roues massives, hautes à peu près comme celle de ces *diables* qui dans les forêts servent à transporter les troncs des chênes. Sur l'essieu une petite caisse de bois est posée ; le conducteur Charles s'installe là-dessus. Il n'a ni dossier, ni garde-crotte ; il est assis sur son coffre, comme un décrotteur sur sa boîte à cirage.

Si peu confortable que soit le véhicule, il ne suffit point qu'on ait besoin de le prendre pour y monter. Charles à toujours le droit de refuser un voyageur à cause de l'état de son écurie. Il fait de grandes difficultés pour m'emmener :

— Si j'avais deux mules ! mais aujourd'hui je n'ai qu'une mule !

Il serait plus exact de dire qu'il n'a que la moitié d'une mule à mettre dans ses brancards. La petite bête qu'il sort de son écurie, tête basse, coiffée d'un collier trop large pour elle et qui lui descend jusqu'aux genoux, a tout le côté emporté depuis la pointe de l'épaule jusqu'à la moitié du flanc. C'est une horrible bouillie de sang et de chair écrasée. On ferme les yeux pour ne point voir le collier appuyer sur cette plaie.

Et tout d'abord, Charles m'invite à prendre les devants à pied.

— Quand la mule, dit-il, se rebute au départ, elle en a pour toute la route.

Je prends congé de mes compagnons de voyage que je dois rejoindre à Biskra, avec les bagages et l'équipage de chameaux. Il est cinq heures du soir.

En haut de la dune, je m'asseois pour attendre Charles. Nous débordons son siège des deux côtés, penchés en avant, sur le garrot de la bête, car la mule est moins haute que l'essieu. Charles l'encourage de la voix :

— Hue Fatma ! Hue Pensée ! Si elle est disposée monsieur, vous allez la voir trotter après le chott.

Fatma n'est pas disposée. Et après les douceurs du début, le postier commence à l'injurier dans toutes les langues, en sabir, en arabe, en espagnol, en maltais, et — Dieu me pardonne — en breton ! Comme nous sommes de loisir, il me conte son histoire.

Il est né dans le Finistère, avec la grande mer verte devant lui. Un hasard qu'il ne m'explique pas et qui pourrait bien avoir été son incorporation dans les compagnies de discipline, l'a conduit en Algérie. Il y est resté. D'abord, comme conducteur de diligence, avec des six chevaux dans la main et de beaux pourboires le long des routes. Puis les chemins de fer ont remplacé le roulage, la locomotive a repoussé le Breton, toujours plus loin, dans le Sud. Au-dessus de nos têtes, il me montre une étoile :

— Voyez-vous, ce feu-là, c'est le chemin de Biskra... Et cet autre, là-bas, c'est le chemin de chez nous. Vous y allez? Moi je n'y retournerai jamais.

Et il rentre dans le silence, un silence attendri d'ivrogne avec un petit frémissement du menton et des mains.

Nous arrêtons tous les cent mètres, pour quelque accident survenu au harnais, ou bien c'est la roue qui s'enterre dans le sable ; c'est Charles qui s'étend sous la voiture pour boire à son bidon d'absinthe, suspendu, au frais, entre les roues. La nuit nous enveloppe. La piste et si obscure qu'une douzaine de fois Charles se croit égaré. Il descend pour examiner les empreintes avec ses lanternes. A sept heures du matin, quand nous apercevons les premiers palmiers d'Ourlana, il y a quatorze heures que la mule tire sans dételer et que nous sommes emboîtés sur notre siège, l'échine en avant, genoux contre genoux.

Chemin faisant, Charles m'a conté à sa façon l'histoire de la colonisation de l'Oued-Rirh.

« Oued-Rirh, rivière cachée », disent certains étymologistes. Leurs confrères en linguistique les traitent d'ânes arabes. C'est la pire façon d'être âne que je connaisse.

Quoi qu'il en soit, l'eau coule à fleur de ces sables. Sous la vallée longue de cent cinquante kilomètres, qui s'étend de Temacin jusqu'au chott Melrirh, circule une nappe souterraine, connue de tout temps, et dont les habitants réussissaient à faire jaillir l'eau jusqu'à la surface du sol. Lors de l'occupation de Touggourt, le colonel Desvaux, frappé des travaux indigènes, demanda des crédits, fonda un atelier de forage militaire, et, tout de suite, il obtint de magnifiques résultats. Pourtant des années passèrent avant que la colonisation osât se risquer au delà de Biskra, sur le chemin de Touggourt. Ce fut seulement en 1876 que MM. Fau et Foureau, d'accord avec le capitaine Ben-Driss, alors agha de Touggourt, fondèrent la Compagnie dite de l'Oued-Rirh, pour la création d'oasis artificiels.

J'ai fait, à Paris, quelques jours avant mon départ, la connaissance de M. Fernand Foureau. Il rentrait d'une mission au Tademayt (territoire d'In-Salah) qu'il a depuis publiée sous la forme d'un rapport au ministre de l'instruction publique. M. Foureau rapportait de son intéressant voyage des documents de toute espèce, photographies des contrées parcourues, notices botaniques, observations d'astronomie.

L'homme ne m'a pas moins intéressé que l'œuvre même. Je vois d'ici la table du café de la Paix où, en buvant des boissons fraîches, M. Foureau m'a conté comment il a rencontré par hasard son associé, M. Fau.

Tous deux portaient le même rêve; tous deux avaient battu le monde. Ils descendirent dans l'Oued-Rirh avec l'intention première d'élever des autruches. Mais les caprices de la mode, la fluctuation du cours des plumes les détourna de persévérer longtemps dans leurs projets. Ils achetèrent du domaine de l'État des terres qui leur parurent les plus favorables à la culture du palmier et plantèrent des espaces que l'on croyait alors voués pour toujours à l'abandon. Aujourd'hui, la Compagnie de l'Oued-Rirh a exécuté plus de treize forages avec ses propres outils. Elle verse sur le sable plus de deux mille cinq cents litres d'eau artésienne à la minute. Elle a plus de soixante mille palmiers en rapport dans ses diverses plantations de Touggourt, Djedida, Tamerna, Tigdidine, Ourlana, Mraïer, Biskra.

J'écoutais chanter tous ces noms, et derrière la tête correcte et chauve du garçon de café qui nous versait l'eau frappée, dans la fumée des cigarettes, je voyais apparaître cette silhouette merveilleuse, biblique, ce jardin de rêve, un oasis du Sahara... Me voici sur la route dont on me parlait, et à cette heure —

étrange mobilité de l'homme — c'est de Paris que je rêve, comme de la cité paradisiaque. Pour me distraire des visions de cock-tail glacé bu dans des verres troubles de buée, lentement, avec des pailles, je demande à Charles quelques détails sur la culture des palmiers.

Il s'y entend en gros, comme le premier paysan venu que vous rencontrerez le long d'une route vous renseignera sur la culture du blé, sur les rites des semailles et de la moisson. Il me conte avec des images d'un pittoresque violent que l'arbre a deux sexes séparés sur des pieds différents :

— Ça c'est le mâle... Et ça c'est...
— Parfaitement !

Sur les pieds sauvages la fécondation est incomplète. L'art a perfectionné la nature.

C'est par bouture que le palmier se reproduit. Au pied de tout arbre qui n'a pas encore atteint les grandes hauteurs, je vois plusieurs « drageons ». Il suffit de détacher un de ces drageons, de le planter et de l'arroser régulièrement. A cinq ans le palmier femelle commence à produire. Mais il ne commence à compter, comme sujet de rapport, qu'à partir de la quinzième année.

— Il faut qu'on lui mette les pieds dans l'eau, la tête dans le feu... C'est comme ça que les Arabes disent.

Le bouquet de tant d'effort, ce sont ces magnifiques régimes de Deglat-Nour qui, dans les devantures des épiciers parisiens, font concurrence aux jambons d'York par la splendeur sombre, pailletée d'or de leurs robes. Ici les régimes suspendus au bouquet de palmes allourdissent l'arrogance des têtes. Ils me font songer tout ensemble à ces grappes de la Terre Promise qui courbaient les soldats sous leurs poids — et à la chevelure biblique d'Absalon.

XVII

La voiture de la poste.

Le puits d'Ourlana est un des plus fameux de l'Oued-Rirh. Il est enfermé dans un petit jardin carré où l'on se glisse à plat ventre, par un trou de muraille. Le jet de l'eau est si fort qu'il vous bouscule. La piscine est si large qu'on pourrait y faire la planche. Je m'y attarde au bain avec délices, pendant que le voiturier donne un peu d'orge à sa mule.

Il est furieux, ce pauvre Charles.

— Ah! ce blond-là, quand je le rattraperai!

Il s'agit d'un moricaud qui a emmené la seule bête valide du relais. Il va falloir ratteler la mule avec un cheval fantôme, un tiers plus grand qu'elle, sanglant des pieds à la tête, crevé au garrot, aux genoux et aux boulets.

Tandis que je déjeune à la hâte avec une boîte de conserves, Charles enduit soigneusement de cambouis les plaies de son attelage. A neuf heures, nous remontons sur le siège. Il paraît que nous aurons de la chance si nous arrivons à Mraïer avant cinq heures du soir.

J'aurai donc à soutenir toute la chaleur du jour. Et j'emporte un grand bidon d'eau, avec une serviette dont je me fais, sous mon casque, un turban constamment trempé. A mesure que nous avançons, le sol devient plus blanc. Les bouquets de palmiers qui, dans le lointain, à droite, à gauche, entourent les puits, semblent s'évaporer dans la lumière. Nous ne parlons plus, les yeux clos, cramponnés à la boîte, à cause des chocs qui nous jettent l'un contre l'autre. Comme la mule est à bout de forces, Charles attache une épingle à cheveux au bout de son fouet. Il pique dans l'épaule, à la place douloureuse, et je ne songe plus même à lui arrêter le bras. Cette phrase du médecin de Touggourt survit, bourdonne toute seule dans la torpeur de ma cervelle :

— A Mraïer, il y a un hôtel...

La vérité c'est que, en hiver, quelques touristes descendent jusque-là pour voir l'entrée des sables. Ils y trouvent dans un vieux bordj rechampi à la chaux, des lits avec des draps blancs. Et c'est une ivresse qu'on ne peut dire qu'une heure de sieste dans cette propre fraîcheur, pour un homme qui couche par terre depuis plus d'un mois.

En cette saison, l'aubergiste de Mraïer ne s'attend à aucune visite, surtout par la route du Sud. Il est un peu pris au dépourvu. Il me donne toutefois une bonne écuelle de la soupe qu'il avait fait cuire pour lui-même et il trouve, en battant sa basse-cour, de quoi me faire sauter une omelette. J'avale et je bois à la hâte, car la poste n'attend pas. Et si je laisse ici le Breton et la pauvre Fatma avec ses vingt-quatre heures de route dans le ventre, le petit Arbi qui doit me conduire jusqu'à Biskra ne m'accorde qu'un quart d'heure de grâce. A six heures, je remonte sur son siège, et nous voici à rouler jusqu'au lendemain, onze heures de la matinée.

Cette seconde nuit est féconde en aventures tragiques. Elles commencent par les caprices du cheval qui, dans une montée de dune, se couche à plat, comme une descente de lit et qui manifeste par des gémissements son intention bien arrêtée de dormir là.

Sans parti pris de le vexer, il n'y a pas moyen de lui passer cette fantaisie. Nous sommes encore à une bonne heure du poste optique, loin de tout secours. Nous

nous suspendons à l'arrière de la voiture pour obliger, par contre-poids, l'animal à se relever. Le tout sans autre résultat que de faire casser la sous-ventrière. Il faut la réparer dans la nuit, à la lueur de notre petite lanterne. En désespoir de cause, l'Arbi m'ordonne de récolter du drîne. Nous entourons le cheval gisant de cette broussaille sèche, et on y met le feu. Brusquement, l'animal se relève. Il s'élance, il monte un pan de la dune pour s'abattre encore une fois. Il ne faut pas allumer moins de trois feux dans cette montée de sable, où les roues du *diable* enfonçaient jusqu'à l'essieu. L'Arbi regrette tout haut de n'avoir pas emporté un peu de pétrole.

Cependant, du poste optique, on a aperçu nos flambées, et la petite garnison est en rumeur. On entoure le *diable*. Après avoir craint de rester en route par la mort du cheval, je me demande si cette fois je ne demeurerai pas en panne par le meurtre du cocher. Mon Arbi a un mauvais compte à régler avec les gens du poste.

Il les a accusés de voler l'avoine dans le râtelier du relais. On le guette pour « pour lui faire son affaire ». Le palefrenier est mêlé à l'histoire. On s'empoigne dans la nuit. Il y a un blessé, le sang coule.

L'Arbi m'appelle à son secours d'une voix désespérée.

— Mon lieutenant! mon lieutenant!

J'en demande bien pardon aux magistrats qui ont charge de punir les usurpations de titres, mais si j'avais fait à ce moment-là l'aveu de mon mandarinat civil, le courrier de Touggourt ne serait point arrivé à Biskra ni le voyageur à destination.

Je prononce donc quelques paroles militaires et impératives. Et si les cogneurs ont de la méfiance, ils n'osent point la faire paraître. Un monsieur qui arrive ainsi de nuit, par la voiture de la poste, ne peut être qu'un officier.

Toutefois, nos tribulations ne sont pas terminées. Au milieu du chott Melrirh, l'Arbi arrête son cheval :

— Voyez-vous là-bas?

Il y a des lueurs intermittentes au ras

de la plaine, des tentes ou des feux follets.

Comme ces parages ne sont pas sûrs, mon cocher éteint sa lanterne. Et nous voilà roulant dans les ténèbres.

Elle me paraît interminable, cette seconde nuit de veille, après la lourde chaleur du jour. L'Arbi fait de grands efforts pour m'empêcher de dormir; et, dans la crainte de me voir tomber, emporté par le poids de ma tête, il imagine de me ficeler sur le siège. Je lui fais promettre qu'après le chott, au relais, il me donnera une demi-heure de repos.

Les gens qui gardent cette écurie ont des figures sinistres. La semaine dernière, ils ont pillé la cantine d'un officier. Et, quand nos guides ont passé là, vingt-quatre heures derrière la poste, avec nos bagages, ils ont été attaqués par des voleurs. On a fait le coup de feu et Cheikh-Bou-Djemâa a poursuivi les attaqueurs, dans la nuit, à coups de sabre.

J'ai sur moi tout mon argent dans une

ceinture. Ma carabine est restée accrochée à ma selle et je viens de m'apercevoir que Charles a gardé mon revolver dans son coffre, par erreur, ou en souve-

nir de notre rencontre. Pourtant, quand nous arrivons devant la masure, à la pointe de l'aube, je me laisse glisser sur le sol, comme un blessé. Je ferme les yeux, je m'endors si lourdement, à plat sur le sable, qu'une demi-heure après, à mon réveil, je ne reconnais plus le paysage, ni mon cocher qui me secoue et me crie :

— Debout ! debout ! le jour se lève... et là-bas les palmiers de Biskra !

ÉPILOGUE

Tout cela n'est plus que souvenir. Rentré dans le cadre de ma vie ancienne, entouré des visages et des objets familiers, je me demande parfois si je l'ai traversé, ce beau pays de mirage, si tout cela n'est pas un rêve...

Alors je ferme les yeux, je me recueille et voici ce que je vois.

... C'est la marche de cinq heures. Les

méhara ont soif et nos gosiers sont desséchés. Soudain, à l'horizon, les guides aperçoivent des points qui remuent. On pousse à eux. Voici un petit berger saharien, perdu avec ses chèvres, entre le

ciel et le sable. Il accourt pour nous baiser la main. Il lève vers nous, avec son sourire blanc, dans sa figure brûlée, une petite écuelle de bois où le lait écume. Puis nous reprenons la route, au rythme des sonnailles et de la petite flûte rafraîchie.

Non, non, je ne rêve point. J'ai vraiment bu ce lait, je me suis recueilli pendant le silence des heures chaudes au pied des gours, dans la flaque d'ombre du drîne. J'ai longuement passé au crible tout ce que j'ai trouvé dans ma tête, dans mon cœur. Le bagage qui me reste est léger. Il suffira — si Dieu le veut — à me conduire au bout de l'autre voyage.

TABLE DES CHAPITRES

TABLE DES CHAPITRES

Pages.

Avant-propos.
- I. Paris — Alger — Saïda. 1
- II. Un chemin de fer stratégique. 13
- III. D'Aïn-Sefra à Thyout. 19
- IV. La vie dans les Ksour. 33
- V. La route des Plateaux. 55
- VI. Le mouton rôti. 63
- VII. Sous le bétoum. 75
- VIII. Un marabout fin de siècle. 85
- IX. Les tentes des Oulad-Sidi-Cheikh. 111
- X. L'équitation en méhari. 131
- XI. La soif. 159
- XII. Les sept villes du M'zab. 181
- XIII. Rencontres de caravanes. 207

XIV. Ouargla	225
XV. Les tribulations d'un Moqaddem.	249
XVI. L'oued Rirh à vol d'oiseau.	267
XVII. La voiture de la poste.	285
Épilogue.	295

TABLE DES ILLUSTRATIONS

TABLE DES ILLUSTRATIONS

Je tiens à remercier ici M. Nadar qui, au moment où je partais pour le Sud, m'a confié son appareil, le Kodak, et qui m'en a enseigné l'usage. La plupart des photographies qui illustrent ce livre ne sont que des transpositions, par le procédé Petit, des clichés que j'ai obtenus avec le Kodak sur papier Isman. L'appareil, renforcé de quelques bandes de métal, a résisté à des chaleurs de 52 degrés et aux secousses de la locomotion en dromadaire.

Les clichés que je n'ai pas exécutés moi-même m'ont été gracieusement prêtés par MM. Foureau et Fau, directeur de la Compagnie de l'oued Rirh, ainsi que par MM. Gervais et Courtellemont, les éditeurs de la magnifique publication l'*Algérie artistique*, où la photogravure a été employée pour la première fois avec des délicatesses qui font révolution dans l'illustration photographique.

H. L R.

	Pages.
Vue d'Alger.	1
Un marché arabe.	5
Le petit marchand de journaux	9
Vue d'Alger.	11
Poste militaire	13
Le ksar d'Aï-Sefra.	19
La porte de Thyout	21
L'oasis de Thyout	29
Les jardins des Ksour.	37
Une Ksourienne berbère.	45
La sieste dans la maison.	49
Le mouton rôti.	63
La route des Plateaux.	69
Un cimetière berbère.	73
Le Bétoum de Kert.	75
Vue de Géryville.	85
Danseuses berbères. . . . 89, 93, 97.	109
La petite Aïcha.	101
Les tentes des Oulad-Sidi-Cheikh.	111

TABLE DES ILLUSTRATIONS

Notre guide Brahim. 117
Nos trois guides Chaamba. 129
Cheikh-ben-Bou-Djemàa sur son méhari. . . . 133
Le Gara de Bent-el-Rhass. 141
Mon méhari en main. 149
Brahim et son méhari. 158
La provision d'eau. 159
Un coup de vent dans les sables. (Rencontre de caravanes). 169
Ben-Izguen. 181
Ghardaïa. 185
Au puits. 189
Ben Izguen, vue de la route de Metlili 193
Cimetière M'zabite. 197
Une rue de Ghardaïa. 201
Un moulin à huile. 206
Le puits aux mouches. 207
La descente de l'oued. 217
Le bassour des femmes 224
Nomades à la fontaine 225
Sieste dans la rue. 229
La mosquée d'Ouargla. 237
Le marché d'Ouargla. 241
Un barrage. 249
Un moqaddem de Temacin. 261
Touggourt à vol d'oiseau. 267
Un puits artésien dans l'oued Rirh. 273
Notre guide Ben Aïech. 281

TABLE DES ILLUSTRATIONS

Oasis de l'oued Rirh. 293
Un marabout. 294
Environs de Biskra. 295
Campement de nomades. 296
Le chemin de fer de Biskra. 297

Imprimerie A. LAHURE, rue de Fleurus, 9, à Paris.

EN VENTE A LA MÊME LIBRAIRIE

PUBLICATIONS RÉCENTES

BORDONE (GÉNÉRAL)
Garibaldi (Portrait et Autographe). — Un volume in-18. . . . . **3 50**

COURTELINE (GEORGES)
Potiron. Couverture illustrée de Steinlen. — Un volume in-18. . **3 50**

DAUDET (ALPHONSE)
Port Tarascon. Derniers exploits de l'illustre Tartarin. — Un volume in-18 illustré, de la collection Guillaume. **3 50**

L'Obstacle. Pièce en trois actes. — Un volume illustré, de la collection Guillaume. **3 50**

DAUDET (ERNEST)
Fils d'Émigré. — Un volume in-18. . . . . **3 50**

ÉMÉRIC (LE COMTE)
Problèmes de Sentiment. *Avec une lettre de A. DUMAS fils.* Illustrations de Tiret-Bognet. — Un volume in-18. . . . . . **3 50**

FLAMMARION (CAMILLE)
Uranie. — Un volume in-18 illustré (Collection Guillaume). . . . **3 50**

HYACINTHE LOYSON
Ni Cléricaux, ni Athées. — Un volume in-18. . . . . . **3 50**

PRADELS (OCTAVE)
Les Desserts Gaulois. Illustrations de Fraipont. — Un vol. in-18 **3 50**
Robert Daniel. Roman. — Un volume in-18. . . . . . . **3 50**

SACHER-MASOCH
La Sirène. Roman de mœurs russes. — Un volume in-18. . . **3 50**

ROGER-MILÈS
Les Heures d'une Parisienne. — Un volume in-18. . . . . **3 50**

SIMON (JULES)
Mémoires des Autres. Illust. de Noël Saunier. — Un vol. in-18. **3 50**

TOLSTOÏ (LÉON)
Pamphile et Julius. — Un volume in-18. . . . . **3 50**
De la Vie. — Un volume in-18. . . . . **3 50**
Le Travail. — Un volume in-18. . . . . **3 50**

ZOLA (ÉMILE)
La Faute de l'Abbé Mouret. Collection Guillaume illustrée. — Un volume in-18. . . . . **3 50**

www.ingramcontent.com/pod-product-compliance
Lightning Source LLC
Chambersburg PA
CBHW060352170426
43199CB00013B/1840